国際共生と広義の安全保障

国際共生研究所叢書 ④ 大阪女学院大学

黒澤 満 編著

東信堂

まえがき

黒澤　満

　本書の目的は、国際共生の観点から広義の安全保障に関わる諸問題を検討することである。国際共生については、本書のシリーズにおいてすでに一応の定義を提示している[1]。すなわち「国際共生とは、国際社会における行動主体の間において、お互いに積極的に努力し協力し、両者にとってプラスに働く状況を作り出すことであり、国際社会全体をより平和で公正なものにすることを目指すものである。また国際共生は、個々の主体間だけでなく、国際社会全体の利益を促進するという意味で地球的問題群にも関わってくる。」

　このような国際共生の状況がさまざまな領域で発展しつつあり、より平和で公正な国際社会へ向けての動きが見られるが、このことは「安全保障」概念の拡大と深く関係しており、新たな広義の安全保障の領域で「国際共生」が追求され、実現されている新たな現象が生じつつある。

　「安全保障」の概念の歴史的な発展を考察すれば、当初の基本的な概念は国家の安全保障（national security）であり、また軍事的安全保障（military security）であり、外部からの攻撃やその威嚇から自国をいかに守るかというものであった。それに対して自国の軍備を増強し、あるいは複数国が軍事同盟を結ぶことにより対応するものであった。国際連盟および国連の成立により、国際安全保障（international security）、すなわち国家間の安全保障という概念が導入され、そこでは国際社会全体として対応する集団的安全保

障（collective security）の概念も発展してきた。しかしこれらの内容はあくまでも国家を中心とする軍事的な安全保障であった。

　安全保障の概念は徐々に拡大の方向に進み、縦軸としては、誰の安全保障かという主体の拡大があり、横軸としては、何に関する安全保障かという対象の拡大が見られた。主体に関しては、国家から国際社会の安全保障概念への拡大とともに、一方において地球規模の問題に対処するために地球の安全保障（global security）の概念が発達し、他方において個人の問題に対処するために人間の安全保障（human security）の概念が発達していった。

　安全保障の対象については、国家の軍事的安全保障から、軍事以外の対象に広く拡大する傾向が見られた。さまざまな安全保障が主張されてきており、たとえば、エネルギー安全保障、経済安全保障、食糧安全保障、健康安全保障、水の安全保障などが議論されている。

　遠藤乾は、最近の著書『安全保障とは何か』において、「安全保障の中心に人間を定位し、その視点から、誰のための安全なのかを問い直す潮流が興隆しており、その論理的な帰結として、安全保障上の『脅威』が狭義の軍事的な性格を超えて多様化し、扱う政策セクターが拡張していることである[2]」と説明している。

　また日本平和学会刊行の『「安全保障」を問い直す』において、編者は、「平和学は独自の平和概念に基づき、個々の人間の生命と生活の安全を直接的・構造的暴力から守ることを安全保障の問題としてきた。そして国家だけでなく、非国家主体にも安全保障の提供者としての役割を認めてきた[3]」と述べている。

　さらに神余・星野らによる論文集『安全保障論』では、各部のタイトルは、伝統的安全保障のほかに、人間の安全保障・平和構築、人権と安全保障、新しい安全保障とされ、さまざまな安全保障の論点が議論されている[4]。

　このように日本においても広義の安全保障の問題が、特に最近

広く議論されている状況において、本書は、広義の安全保障の問題を「国際共生」の観点から分析するものである。

注
1　黒澤満編著『国際関係入門：共生の観点から』東信堂、2011 年、iv-v 頁、および黒澤満編著『国際共生とは何か：平和で公正な世界へ』東信堂、2014 年、i-vii 頁参照。
2　遠藤乾「安全保障論の転回」遠藤誠治・遠藤乾編集代表『安全保障とは何か』岩波書店、2014 年、50 頁。
3　黒崎輝・佐藤史郎「平和のための安全保障を求めて」日本平和学会編『「安全保障」を問い直す』平和研究第 43 号、早稲田大学出版部、2014 年 10 月、ix 頁。
4　神余隆博・星野俊也・戸崎洋史・佐渡紀子編『安全保障論：平和で公正な国際社会の構築に向けて』信山社、2015 年。

国際共生研究所叢書 4　『国際共生と広義の安全保障』／目次

まえがき【黒澤 満】 ……………………………………………………………… i

第 1 章
核軍縮と「人類の安全保障」………………………………………… 3
【黒澤 満】

第 1 節　はじめに	3
第 2 節　核軍縮と伝統的な安全保障	4
第 3 節　核軍縮への人道的アプローチ	6
第 4 節　核兵器と人類	15
第 5 節　核軍縮と国際共生	23
第 6 節　むすび	26

第 2 章
平和憲法と「非戦型安全保障」……………………………………… 29
【千葉 眞】

第 1 節　はじめに	29
第 2 節　平和憲法と安倍政権という反動	30
第 3 節　「積極的平和主義」の問題性	34
第 4 節　共通の安全保障から協調的安全保障への展開	38
第 5 節　東アジアにおける国際共生	42
第 6 節　むすび	46

第3章
安全保障アプローチから紛争転換を軸とした平和アプローチへの移行 ……… 49
【奥本京子】

第1節	はじめに	49
第2節	安全保障の意味を問う	50
第3節	平和の意味を問う	57
第4節	「平和アプローチ」へ移行する方途	61
第5節	介入によって達成されるもの	69
第6節	むすび	70

第4章
国際共生と「共通の安全保障」……… 77
【佐渡紀子】

第1節	はじめに	77
第2節	国際共生と共通の安全保障の接点	79
第3節	戦略バランスの変化と共通の安全保障	83
第4節	主権国家の変容と共通の安全保障	87
第5節	むすび	90

第5章
国際共生の礎を築く「人間の安全保障」 ……………………………… 95
【福島安紀子】

第1節	はじめに	95
第2節	広義の安全保障認識が生んだ「人間の安全保障」概念	96
第3節	人間の安全保障とは何か	99
第4節	人間の安全保障は21世紀の国際社会でレレバンスをもつのか	110
第5節	人間の安全保障は国際共生につながるのか	117
第6節	むすび	119

第6章
職場の労働安全と「人間の安全保障」 ……………………………… 123
【香川孝三】

第1節	はじめに	123
第2節	バングラデシュの縫製業の概要	125
第3節	ラナプラザ事件の経緯	127
第4節	労働安全確保や事後処理問題への対応	129
第5節	むすび	143

第7章
「環境安全保障」における持続可能な開発 ……………………………… 149
【西井正弘】

第1節	はじめに	149
第2節	「持続可能な開発」概念の成立	152
第3節	環境に関する新たな安全保障の考え方	157
第4節	環境安全保障と持続可能な開発との関係	159
第5節	むすび	165

第8章
エジプトの教育改革から見る「教育の安全保障」 ……………………… 171
【長尾ひろみ】

第1節	はじめに	171
第2節	エジプトの民主化に向かう歴史	172
第3節	新憲法に明記される教育の保証	173
第4節	教育の質	182
第5節	エジプトへの日本式教育導入にあたり不可欠な国際共生の手法	185
第6節	むすび	189

事項索引 …………………………………………………………………… 193
人名索引 …………………………………………………………………… 198

国際共生研究所叢書4

国際共生と広義の安全保障

第1章
核軍縮と「人類の安全保障」

黒澤　満

第1節　はじめに

　本章は、現在の核軍縮の議論の中心的な基盤として発展しつつある安全保障の新しい概念として「人類の安全保障（security of humanity）」という概念を考察し、その概念を国際共生の観点から検討することを目的としている。核軍縮の議論は、伝統的には国家安全保障（national security）および軍事的安全保障（military security）が中心課題であり、国家の軍事的安全保障の中でも最も上位に位置するものである。伝統的な核軍縮の議論は、国際的な安定性、平和、安全保障（international stability, peace and security）といった観点から行われ、核軍縮に関する諸条約も戦略的安定性の強化といった観点から進められてきた。

　しかしながら、最近の核軍縮を巡る議論は、核兵器の使用の壊滅的結果という事実を基盤に、核兵器の非人道性を前面に掲げる「核軍縮への人道的アプローチ（humanitarian approach to nuclear disarmament）」あるいは「人道的イニシアティブ（humanitarian initiative）」として広くかつ深く議論する方向に進んでいる。ここでは人道的という側面が強調されているが、その内容の中心には、「核兵器が二度と決して使用されないことが、人類の生存そのもの（the very survival of humanity）の利益である」という観念が存在しており、「人類（humanity）」の安全保障がその中枢に存在している。日本語では「人類」と「人道」は意味内容が少し異なるが、英語

ではともに同一の用語である「humanity」である。したがって本章では、humanity（人類・人道）の安全保障を広義の新たな安全保障概念としてとらえ、検討する。

本章の検討対象は核兵器および核軍縮に限定されており、通常兵器などは検討対象外である。通常兵器の場合には、非人道的であってもそれが必ずしも人類全体の脅威となったり、人類の安全保障に直接関連するものではない。したがってその場合には、人類と人道を同列に議論することは正当ではない。しかし核兵器の場合には、その使用が人類の生存そのものに関連するという観点から、両者を同列に議論することは正当であると考えられる。

第2節　核軍縮と伝統的な安全保障

歴史的に考察すれば、安全保障の初期の中心概念は国家の軍事的安全保障であり、自国を外部からの武力行使や武力行使の威嚇からいかに守るかというものであった。それは一国で実施する場合もあるが、数国が軍事同盟を結んで対応する場合も見られた。国際連盟および国連の成立により、国家と国家の間の安全保障すなわち国際安全保障（international security）という考えが発展し、国連の第一の目的は、「国際の平和および安全保障（international peace and security）を維持すること」と明記されている。

核兵器は国家安全保障を支える最も重要な資産であると考えられていたため、核兵器に対する規制あるいは削減は当初からきわめて困難なものであった。国家安全保障の立場からの核軍備の増強は、無制限の核軍備競争を生み出し、それは自国の安全保障を強化しないばかりか、安全保障を損なう場合もあり、国際的な相互の安全保障が追求されるようになった。

国際安全保障に立脚する核軍縮の目的は、国家間の安定性の強化であり、一般に「戦略的安定性（strategic stability）」と言われるも

のの強化である。米ソ間の最初の戦略兵器制限交渉（SALT）では、1972年に対弾道ミサイル（ABM）制限条約と戦略攻撃兵器制限暫定協定が、1979年には戦略兵器制限条約（SALT II条約）が署名された。これらの条約の特徴として、「戦略的安定性の基盤としてのABM条約を維持し強化する」ことが2000年NPT（核不拡散条約）再検討会議の最終文書で規定されているし、SALT II条約はその前文において、「戦略的安定性の強化は、締約国の利益および国際安全保障の利益に合致するものであることを承認する」と規定している。

1987年の中距離核戦力（INF）条約も、その前文で、「戦略的安定性を強化するという目的に導かれ、本条約に規定された諸措置は戦争勃発の危険を低減し、国際の平和と安全保障を強化するのに有益であると確信する」と規定されている。

戦略兵器削減交渉（START）においても、1991年の戦略兵器削減条約（START条約）の前文では、「締約国の利益および国際安全保障の利益は戦略的安定性の強化を必要としていることを承認し」と規定し、2010年の新START条約の前文も、「本条約に規定された戦略攻撃兵器の削減と制限およびその他の義務は、両締約国の予見可能性と戦略的安定性、そして安全保障を強化することを確信し」て締結したと規定している。

このように、主として米ソおよび米ロ間の核軍縮に関する諸条約は、条約締結の主たる目的が両締約国の安全保障を強化することであることを強調するとともに、その中心的な概念は戦略的安定性であることを明確に示している。

NPT再検討会議における核兵器国の主張も一般に国際（締約国の間）の平和と安全保障を核軍縮の目的とするとともに、戦略的安定性の強化をその中心においている。2010年NPT再検討会議は行動計画を含む最終文書の採択に成功しており、核軍縮についても重要な規定を含んでいるが、伝統的な安全保障の考えを基本

的に維持している。

核軍縮の原則と目的に関する部分において、「会議は、核軍縮に導くすべての核兵器国による重要な措置は、国際の安定性、平和および安全保障を促進（promote international stability, peace and security）すべきこと、すべてのものの増強され減損されない安全保障という原則（principle of increased and undiminished security）に基づくべきことを再確認する」と規定している。前者は核軍縮の目的であり、それは国際の安定性、平和および安全保障を促進するものでなければならないというものであり、後者は核軍縮を行う際の基準として、その措置が安全保障を増強するものであり、減損させないものでなければならないというものである。

この二つの要素は核兵器国にとって不可欠なものとなっており、この最終文書では、核兵器の軍縮に関する部分の前文で、同様の文章が入れられており、さらに行動計画5でも、「核兵器国は、2000年再検討会議最終文書に含まれる核軍縮に導く諸措置での具体的進展を加速させることを約束する」という文章の最後に、「国際の平和、安定性、減損されず増強される安全保障を促進する方法で」という文言が明記されている。

第3節　核軍縮への人道的アプローチ

従来の核軍縮に関する諸条約においても、その前文において核戦争がすべての人類に破壊的な結果を生じるであろうことは明記されていたし、核不拡散条約（NPT）の前文にも、「核戦争が全人類に惨害をもたらすものであり、したがって、このような戦争の危険を回避するためにあらゆる努力を払い、及び人民の安全を保障するための措置を取ることが必要であることを考慮し」と規定されているが、それ以上に意識的に議論されることはなかった。

2010年のNPT再検討会議の一般演説において、スイス外相が

核軍縮の議論に人道的側面を取り込むべきであると主張し、一部の核兵器国は反対を表明したが、多くの非核兵器国はそれに賛成する意見を表明した。その結果、会議の最終文書[1]に、「会議は、核兵器のいかなる使用からも生じる壊滅的な人道的結果（catastrophic humanitarian consequence）に深い懸念を表明し、すべての国が、国際人道法（international humanitarian law）を含む適用可能な国際法を常に遵守する必要性を再確認する」ことが規定された。

これを契機として人道的アプローチが非核兵器国のイニシアティブで積極的に推進されていくが、それは以下の二つの大きな流れから構成されている。一つは「核兵器の人道的影響に関する国際会議」の開催であり、もう一つは「核兵器の人道的結果に関する共同声明」である。

1 核兵器の人道的影響（humanitarian impact）に関する国際会議

これらの会議は、核兵器の使用の影響について事実に基づく科学的な議論をするためのものであり、政治的な交渉や協議の場ではないことが特徴的である。第1回会議は2013年3月にノルウェーのオスロで開催され、127カ国、国連、赤十字国際委員会、NGOが参加し、議長総括では、①いかなる国家も国際機関も、核兵器の爆発がもたらす即時の人道的緊急事態に十分に対応し、被害者に対して十分な援助活動を行うことは不可能である、②核兵器の使用および実験からの歴史的な経験は、それが壊滅的な即時のおよび長期的な効果をもたらすことを証明している、③核兵器の爆発の効果は、国境内に閉じ込めることはできず、地域的にも世界的にも国家や市民に重大な影響を及ぼす、と述べられている[2]。

第2回会議は2014年2月にメキシコのナヤリットで開催され、146カ国と国連などが参加した。議長総括は、①核兵器の影響は国境に縛られない、②核兵器の爆発は即死と破壊のみならず、社

会的・経済的発展を妨げ、環境に害を与える、③今日、核兵器の使用のリスクは地球規模で増大している、④核兵器爆発の場合に適切に対処し支援できる国家や国際機関は存在しないことなどを列挙している[3]。

第3回会議は2014年12月にオーストリアのウィーンで開催され、158カ国と国連などが参加した。議長総括は、以下のように述べている。①核兵器爆発の影響は、国境に縛られず、環境・気候・健康・社会経済開発などに対する地域的・地球規模の結果を生じさせる、②核兵器が存在する限り核兵器爆発の可能性は残り、その可能性は低いと考えられるが、その壊滅的影響からして受け入れられないものである、③国境紛争・緊張や核兵器保有国の現在の安全保障ドクトリンを考えると核兵器が使用されうる多くの状況が存在する、④核兵器の保有・移転・生産・使用を包括的に禁止する法的規範が存在しないことは明確であるが、核兵器の非人道性に関するこの2年間の議論で示された証拠は、核兵器が国際人道法に合致する形で使用されうるのかについて疑問を投げかける[4]。

この会議の最終日にオーストリア外相は、以下のような「人道の誓約」を発表した。

オーストリアはすべての人の人間の安全保障という緊急命令に従うこと、および核兵器から生じるリスクに対して市民の保護を促進することを誓約する。

オーストリアは、NPTのすべての締約国に対し、第6条の下に存在する義務の緊急かつ完全な履行への約束を新たにすること、そのために核兵器の禁止および廃絶のための法的ギャップを埋めるための効果的な措置を識別し追求することを要請し、オーストリアはこの目的達成のためにすべての関係者と協力することを誓約する。

オーストリアは、その受容できない人道的結果と関連したリス

クという観点から、核兵器に汚名を着せ、核兵器を禁止し廃絶する努力において、すべての関係者と協力することを誓約する[5]。

この誓約には、2015年NPT再検討会議の時期において107カ国が賛同を表明している。

2 核兵器の人道的結果（humanitarian consequences）に関する共同声明

最初の共同声明はスイスを中心とする16カ国により、2012年5月のNPT再検討会議第1回準備委員会の場において読み上げられた。これは核廃絶への人道的アプローチを多数国による政治的な意思表明として推進するものであり、その主要な内容は以下の通りである[6]。

核兵器の人道的次元に関する深刻な懸念が繰り返し表明されており、意図的であれ、偶発的であれ、使用されれば甚大な人道的結果は不可避である。

最も重要なことは、これらの兵器がいかなる状況においても決して再び使用されないことであり、これを保証する唯一の方法は核兵器の全面的で不可逆的で検証可能な廃絶である。すべての国は、核兵器を非合法化し、核兵器のない世界を達成するための努力を強化しなければならない。

二番目の共同声明は、同年10月に国連総会において、スイスが34カ国を代表して読み上げたものであり、内容は一回目のものと同じである[7]。

三番目の共同声明は、2013年4月のNPT再検討会議第2回準備委員会で、80カ国を代表して南アフリカにより読み上げられた。その声明の中心部分は、「核兵器がいかなる状況においても決して使用されないことが人類の生存そのもの（the very survival of humanity）にとっての利益である。核兵器が決して使用されないことを保証する唯一の方法は、それらの全面的な廃絶である。核

兵器の人道的結果に対応することは絶対に必要なことである」となっている[8]。以前の声明と異なるのは、「核兵器がいかなる状況においても決して使用されないことが人類の生存そのものの利益である」として「人類の生存そのものの利益」を挿入したことと、「すべての国は核兵器を非合法化し」という部分が削除されたことである。後者は核兵器の非合法化には賛成できない諸国家をも取り込むことを意図したもので、賛同国は80カ国となり、NATO同盟国からも、以前の声明に賛成していたノルウェーとデンマークに加え、アイスランドとルクセンブルグの4カ国が賛同している。

　四番目の共同声明は、2013年10月の国連総会においてニュージーランドにより読み上げられた[9]。内容は三番目のものと同様であるが、賛同国は125カ国となり、日本も初めてこの種の共同声明の賛同国となった。五番目の共同声明は2014年10月の国連総会でニュージーランドが読み上げたものであり、賛同国は155カ国となった。

　これらの一連の共同声明は、核軍縮への人道的アプローチを積極的に推進する諸国家グループのものであり、核兵器の不使用が人類の生存そのもの（the very survival of humanity）の利益であると主張し、それを保証するのは核兵器の廃絶であるという考えである。途中で若干内容が緩和されたことはあるが、賛同国が16から34、80、125、155と順調に増加しており、国際社会において多くの国が賛同するものに発展していった。

　他方、上述の共同声明への賛同国が順調に増加していくことに危機感を抱いた諸国、すなわち米国の同盟国を中心とする17カ国を代表してオーストラリア（豪州）が、2013年10月の国連総会において、同一のタイトルの下で内容の異なる声明を読み上げた。この共同声明は、核兵器の使用の非人道性に関してはニュージーランドによる共同声明を歓迎しつつ「核兵器爆発の破壊的な

即時のおよび長期的な人道的影響は明らかな懸念である」と述べつつも、「核兵器を禁止するだけでは核兵器の廃絶は保証されないのであって、核兵器国を実質的にかつ建設的に関与させること、核兵器の議論の重要な安全保障および人道の次元（security and humanitarian dimensions of nuclear weapons debate）に対応することが必要である」と述べている[10]。同様の共同声明は2014年10月の国連総会でも、20カ国を代表してオーストラリアにより読み上げられた。

3 2015年NPT再検討会議における議論

核軍縮への人道的アプローチの問題は、過去5年間における積極的な議論の展開を背景として、この会議においても最も重要な課題の一つとして広範にまた深く議論された。これに関する各国の主張は、オーストリアを中心とする159カ国の共同声明に賛同している国、オーストラリア（豪州）を中心とする26カ国の共同声明に賛同している国、および核兵器国の三つのグループに分けて分析することが可能であり適切である。

第一のグループは、人道的アプローチの積極的推進派の国家から構成されるもので、この会議に提出された共同声明[11]には159の国が賛同しており、数的には大多数のグループとなっている。その内容の中心的な論理は、①核兵器の壊滅的な結果を知ることが核軍縮に向けてのあらゆる努力の基礎とならなければならない、②核兵器がいかなる状況においても決して二度と使用されないことが人類の生存そのもの（the very survival of humanity）の利益である、③核兵器が決して使用されないことを保証する唯一の方法は核兵器の全廃であり、すべての国は核兵器の撤廃を達成する責任を共有している、というものである。

第二のグループは、米国の拡大核抑止の下にある26の非核兵器国を代表してオーストラリア（豪州）により提出されたもので

ある[12]。第一の考えと比較すると以下のようになる。①核兵器使用の壊滅的結果が核兵器のない世界の追求におけるすべての作業の基礎となるべきであるという点は共通である。②核兵器がいかなる状況においても二度と決して使用されないことが人類の生存そのもの (the very survival of humanity) の利益であるという主張は共通であるが、前者は「いかなる状況においても使用されない」という側面を強調しており、そこに後者との違いが存在する。③核兵器の使用のリスクは、核兵器の完全な廃棄および核兵器のない世界の維持によってのみ回避されるという前者の考えに対し、後者は、人道的側面 (humanitarian dimension) のみで核兵器の廃絶に至ることはなく、それと同時に安全保障の側面 (security dimension) を考慮する必要があることを強調している。

第三グループとしての核兵器国は一般的には人道的アプローチに消極的である。ただし米国は核兵器使用の壊滅的な結果を承認し、それを背景として核軍縮を進めることに賛成しており、核兵器不使用の70年近くの記録が永遠に延長されることがすべての国の利益であることを主張している。しかし核兵器のない世界の達成は人道的要請だけでは不可能であって、安全保障の側面が重要な位置を占めていると主張する[13]。5核兵器国を代表するP5の演説では、「我々は核兵器の使用に伴う深刻な結果をずっと認めている。我々はこのような事態の発生を防止するという決意を確認している。我々はそれぞれ核兵器に対する安全性、確実性、効果的な管理を確保することに最高の優先順位を与えている」と述べ[14]、核兵器の使用のリスクに関して、核兵器廃絶の方向を目指すのではなく、核兵器の技術的管理を強化する方向を目指していることが示されている。

NPT再検討会議は中東をめぐる見解の対立のため最終文書をコンセンサスで採択することができなかったため、正式の文書は存在しない。しかし議長による最終文書草案[15]は、核軍縮への

人道的アプローチに関して以下のように規定しており、この部分には一般的な合意があったものと考えられる。

> 会議は、核兵器のあらゆる使用による壊滅的な人道的結果に関する深刻な懸念が、核軍縮の分野における努力の基礎となり続けるべき重要な要素であること、およびこれらの結果を知ることが核兵器のない世界へと導くすべての国家の努力に緊急性を与えるべきことを強調する。会議は、この目的の実現までの間、核兵器が二度と決して使用されないことが人類（人道）およびすべての人民の安全保障の利益である（in the interest of humanity and security of all peoples）ことを確認する。

この条項の最後の部分は最終文書案の第4案までは、「核兵器が二度と使用されないことが人類の生存そのもの（the very survival of humanity）の利益である」となっており、これは159カ国共同声明でも26カ国共同声明でも述べられていたことである。しかし最終文書草案でこのように変更されたのは、26カ国共同声明が人道的側面（humanitarian dimension）だけでなく、安全保障の側面（security dimension）を考慮すべきであると主張していたことを反映していると考えられる。彼らの主張はhumanity（人類・人道）の側面だけでなく、国家の安全保障の側面をも考慮すべきものであるというものであった。

前者は英文でhumanityがそのまま残され、新たに後者の「すべての人民の安全保障」という用語が追加されている。この「人民の安全保障」という用語は、核不拡散条約（NPT）前文でも、「人民の安全を保障する措置をとること［人民の安全保障を保護する措置をとること］（take measures to safeguards the security of peoples）」と規定されている。ここでの「人民（peoples）」の意味は諸国民、諸国家の意味であり、どちらかと言えば国家の安全保障に近い意

味で使用されていると解釈するのが、議論の展開から考えると、妥当であるように思われる。

4 国連総会決議

2015年の国連総会においてもこの問題は広く議論され、関連するいくつかの決議案が提出された。まずオーストリアが提出した「核兵器の人道的結果」と題する決議案[16]は、核兵器の壊滅的結果は政府のみならずすべての市民に影響を与え、人類の生存（human survival）に深い含意をもつものであることを強調しつつ、核兵器が決して使用されないことが人類の生存そのもの（the very survival of humanity）の利益であり、核兵器が使用されない唯一の保証は核兵器の廃絶であり、核兵器の爆発に効果的に対応することはできず、核兵器の壊滅的結果を知ることが核軍縮推進の基礎であることを強調している。この決議案は賛成136、反対18、棄権21で採択された。日本は賛成しているが、米英仏ロは反対であり、中国、オーストラリア、ドイツは棄権している。

オーストリアが提出したもう一つの決議案[17]は、「核兵器の禁止と廃絶に関する人道の誓約」と題するもので、核兵器爆発の結果は潜在的に人類の生存（the survival of humanity）を脅かすものであると理解し、核兵器爆発の結果はすべての人類の安全保障（the security of all humanity）に影響を与えるものであることを強調し、すべての国家に対しすべての人間の安全保障という緊急命令（the imperative of human security for all）を追求することを訴えている。この決議案は賛成128、反対18、棄権29で採択された。この決議案に対して、米英仏ロ、オーストラリア、ドイツは反対であり、日本と中国は棄権している。

日本が提出した「核兵器の全面的廃絶に向けた新たな決意の下での共同行動」と題する決議案[18]は、核兵器の使用の壊滅的な人道的影響に深い懸念を表明し、すべての国が国際人道法を遵守

する必要性を再確認しつつ、核兵器使用の人道的結果への深い懸念が核兵器のない世界への努力の基礎となり続けるべきことを強調し、指導者、若者などの被爆地訪問や被爆者による証言などを通じて、核兵器使用の人道的影響への認識を高める努力を奨励している。この決議案は、賛成 166、反対 3、棄権 16 で採択されたが、米英仏は棄権であり、ロ中は反対となっている。

第 4 節　核兵器と人類

　核軍縮への人道的アプローチにより、人類・人道の側面から分析を進めるにあたっては、核兵器と人類・人道の関係に関する歴史上の重要な貢献を検討することが不可欠である。核兵器が出現して以来、核兵器の問題を人類・人道の側面から検討しているものとしては、さまざまなものが考えられるが、1955 年のラッセル・アインシュタイン宣言、1961 年の核兵器使用禁止に関する国連総会決議および 1996 年の国際司法裁判所の勧告的意見が特に重要であると考えられる。

1　ラッセル・アインシュタイン宣言

　ラッセル・アインシュタイン宣言[19]は、ノーベル文学賞受賞のバートランド・ラッセル卿とノーベル物理学賞受賞のアルバート・アインシュタイン博士により作成され、1955 年 7 月 9 日にロンドンにおいて、湯川秀樹教授を含む 11 名の学者により署名された。当時は米ソの水爆開発競争が激しく進められていた時期であり、実験による核爆発の絶大な威力が示され、核戦争が地球を破滅に追いやる可能性が真剣に危惧された時期である。

　宣言は、まず「人類 (humanity) が直面している悲劇的な情勢の中、科学者による会議を招集し、大量破壊兵器開発によってどれほどの危機に陥るのかを予想し、この草案の決議を討議すべき

であると私たちは感じている」という文章から始まり、「私たちが今この機会に発言しているのは、特定の国民や大陸や信条の一員としてではなく、存続が危ぶまれている人類、いわば人という種の一員としてである（not as members of this or that nation, continent, or creed, but as human beings, members of the species Man, whose continued existence is in doubt）」と述べられている。

この最初の部分からも明白であるように、この宣言は、国家安全保障や国際安全保障の問題として核兵器を取り扱っているのではなく、人類が直面している問題として、国籍や大陸や信条を超越して、人類（human beings）として発言しており、人類の安全保障の観点から核兵器に対応するものとなっている。

そのために宣言は「私たちには新たな思考法が必要である」と述べ、「私たちが自らに問いかけるべき質問は、どんな手段をとれば双方に悲惨な結末をもたらすにちがいない軍事的な争いを防止できるかという問題である」と述べている。

核兵器の恐ろしさに関して、宣言は「一般の人々、そして権威ある地位にある多くの人々でさえも、核戦争によって発生する事態を未だ自覚していない。……しかし最も権威ある人々は一致して水爆による戦争は実際に人類に終末をもたらすかもしれない（a war with H-bombs might possibly put an end to the human race）。もし多数の水爆が使用されるならば、全面的な死滅がおこる恐れがある」と述べている。このような解釈は、核軍縮への人道的アプローチが採る立場とまったく同様であり、2013年にオスロで、2014年にナヤリットおよびウィーンで開催された「核兵器の人道的影響に関する国際会議」において広く共有されている認識である。

核兵器に関する問題の解決として、宣言は、「さて、ここに私たちが皆に提出する問題、きびしく、恐ろしく、おそらく、そして避けることのできない問題がある——私たちは人類に絶滅をもたらすか、それとも人類が戦争を放棄するか（Shall we put an end to the human race; or shall mankind renounce war?)」と述べており、さらに「人類として、私たちは次のことを銘記しなければならない。もし、東西間の問題が何らかの方法で解決され、誰もが出来得る限りの満足を得られなくてはならないとすれば、これらの問題は戦争によって解決されてはならない」と、人類として戦争を放棄すべきことを強く求めている。

そのための方法として人類として考えることを強調しており、宣言は「私たちは、人類として、人類に向かって訴える——あなた方の人間性を心に留め、そしてその他のことを忘れよ、と(We appeal as human beings to human beings: Remember your humanity, and forget the rest.)」と結論している。

決議として、科学者および一般大衆に署名するよう勧められているものは以下の通りである。

> およそ将来の世界戦争においてはかならず核兵器が使用されるであろうし、そしてそのような兵器が人類の存続をおびやかしているという事実から見て、私たちは世界の諸政府に、彼らの目的が世界戦争によっては促進されないことを自覚し、このことを公然とみとめるよう勧告する。したがってまた、私たちは彼らに、彼らのあいだのあらゆる紛争問題の解決のための平和的な手段を見い出すよう勧告する。

この宣言がきわめて重要であるのは、核兵器の存在する時代においては国家や大陸や信条の一員として思考し行動するのではなく、人類の一員として思考し行動すべきであるという点であり、国家安全保障や、西側および東側の同盟に依存する安全保障は無意味であり、人類の安全保障の観点から考えるべきであるという明確な訴えである。宣言の最初は、「人類(humanity)が直面している悲劇的な情勢の中」から始まるがここでは humanity は人類

を意味しており、宣言の最後は「あなた方の人間性（humanity）に心を留め、そしてその他のことを忘れよ」となっており、ここではhumanityは人間性を意味している。また本宣言では人類という用語が数多く使用されているが、それらは、humanityの他にhuman beings, human race, mankindが使用されている。

2 核兵器使用禁止に関する国連総会決議

1961年の国連総会において、エチオピアは、セイロン、ガーナ、ギニア、インドネシア、リベリア、リビア、ナイジェリア、ソマリア、スーダン、トーゴおよびチュニジアと共に、核兵器の使用は違法であると宣言するとともに、事務総長に対して核兵器使用禁止条約署名会議召集の可能性を探求する決議案を提出した。この決議は、賛成55、反対20、棄権26で採択され、決議1653（XVI）として成立したが、その決議の中心部分である第1項は以下の通りである。

　　　総会は、1　次の通り宣言する。
　　核および熱核兵器の使用は、国連憲章の精神、文言および目的に反し、その結果、国連憲章の直接の違反である（a direct violation of the Charter of the United Nations）。
　　核および熱核兵器の使用は、戦争の範囲を超えるものであり、人類および文明に対する無差別の苦痛および破壊をもたらすものであり、その結果、国際法および人道法の規則に違反する（contrary to the rules of international law and to the laws of humanity）。
　　核および熱核兵器の使用は、敵に対してのみならず、人類全体に対して向けられた戦争（a war directed against mankind in general）である。なぜならその戦争に巻き込まれていない世界の人民も、その兵器の使用から生じるすべての害悪を受けるからである。

核および熱核兵器を使用する国家は、国連憲章に違反し、
　　人道法に違反して行動し、人類および文明に対して罪を犯し
　　たものとみなされるべきである。

　この決議に対して、米国は決議案の目的は完全で管理された軍縮により達成されうるものであり、これは暗黙的に核兵器以外の戦争手段を容認することになるとして反対した。また英国は、核および熱核兵器の使用の管理されない禁止は、核実験の管理されないモラトリアムと同様に効果的ではないと述べた。さらに米国および英国は侵略を撃退するのに必要な武力の程度を決定する権利を含めた、個別的および集団的自衛権は廃棄し得ないものであると主張した[20]。

　この決議が人類・人道の安全保障の側面から重要であるのは、核兵器の使用が人類（mankind）に対して無差別の苦痛をもたらすものであるので、人道法（the laws of humanity）に違反すると宣言している点であり、また核兵器の使用は人類全体（mankind in general）に向けられた戦争であると宣言している点である。このように、核兵器の個々の使用の違法性とともに、人類全体に対する犯罪としての側面が強調されている。

3　核兵器使用に関する国際司法裁判所勧告的意見

　1994年12月15日に国連総会は決議49/75Kを採択し、国際司法裁判所に対して、「核兵器の使用または威嚇は国際法上いかなる状況においても許容されるか」という質問に関して勧告的意見を与えるよう要請した。それに対して国際司法裁判所は1996年7月8日に「核兵器の使用または威嚇の合法性」に関する勧告的意見[21]を提出した。本章においては、特に核兵器の非人道的な性格および国際人道法に関する議論を中心に、本勧告的意見の検討を行う。

裁判所は国際法を今回の事例に適用するにあたっては、核兵器のユニークな性格を考慮する必要があると述べ、「核兵器はその性質からして、莫大な量の熱とエネルギーを放出するのみならず、強力な長期にわたる放射線を放出する。これらの性質からして核兵器は潜在的に壊滅的なものとなる。核兵器の破壊力は空間的および時間的に閉じ込めることはできない。核兵器は地球のすべての文明およびエコシステム全体を破壊する潜在力をもっている。……裁判所は、法を適用するにあたって、核兵器のユニークな性質、特にその破壊力、言葉で表せない苦痛を人間に与える能力および来たるべき世代に損害を与える能力を考慮することが不可欠であると考える」と述べている。

　さらに裁判所は、核兵器の使用が武力紛争時に適用可能な国際人道法（international humanitarian law）の諸原則と諸規則に照らして違法と考えられるべきかどうかという問題を検討している。軍事的行為は国際人道法により規律されていることを明らかにし、まず、1907年の陸戦の法規慣例に関するハーグ規則第22条の「交戦者は害敵手段の選択につき、無制限の権利を有するものに非ず」という点を強調する。また国際人道法にはきわめて重要な諸原則が含まれており、第一は、文民と民用品の保護を目的とし、戦闘員と非戦闘員の区別を設けるものであり、第二は、戦闘員に不必要な苦痛を与える兵器の使用は禁止されていることであるとする。さらに兵器の急速な発展に対応するための規則としてマルテンス条項の重要性を指摘する。それは最近では、1977年の第1追加議定書第1条2項で、「文民及び戦闘員は、この議定書その他の国際取決めがその対象としていない場合においても、確立された慣習、人道の諸原則（principles of humanity）及び公共の良心に由来する国際法の諸原則に基づいて保護並びにこのような諸原則の支配の下に置かれる」と規定されている。

　また国際人道法の核兵器への適用可能性に関して、国際人道法

の多くは核兵器の出現以前に作成されたこと、第2次世界大戦後の条約や追加議定書の交渉で核兵器が直接議論されなかったことから、その適用可能性を否定する主張に対して、裁判所はそのような見解は若干の少数派が主張しているだけであり、大多数の国家および学者の見解によれば、核兵器への人道法の適用は疑い得ないものであり、裁判所も同じ見解であると述べている。

　最後に、裁判所は核兵器の使用は国際人道法と両立しないからあらゆる場合に禁止されているという考えが妥当かどうかという問題を検討する。裁判所は、「文民と戦闘員の区別を不可能にし、戦闘員に不必要な苦痛を与える戦闘の方法と手段は禁止されている。核兵器のユニークな性質からして、核兵器の使用は実際のところそのような要件に関してほとんど両立し得ないように思える。しかしながら、裁判所は、核兵器の使用があらゆる状況において武力紛争に適用可能な諸原則および法規則に必然的に違反すると確信をもって結論しうる十分な要素をもっていない。さらに裁判所は、生存するというすべての国家の基本的な権利、すなわちその生存が危機に瀕している時に憲章第51条に従って自衛に訴える国家の権利を忘れることはできない」という見解を述べた。

　勧告的意見の結論部分のE項において、裁判所は以下のように述べている。このE項に対する裁判官の表決は7対7となり、裁判長の決定投票により定められた。

　　核兵器の威嚇または使用は、武力紛争に適用可能な国際法の規則、特に人道法の諸原則と諸規則に一般的に反することが上述の要件から出てくる。
　　しかしながら、国際法の現状および入手可能な事実の要素からして、裁判所は、国家の生存が危機に瀕している場合の自衛の極端な状況において、核兵器の威嚇または使用が合法か違法かを確定的に結論することはできない。

この勧告的意見が核兵器の使用との関連できわめて重要なのは、以下の点である。まず核兵器のユニークな性質を検討し、その破壊力、言葉に表せない苦痛を人間に与える能力および来たるべき世代に損害を与える能力を指摘している。次に核兵器が国際人道法に照らして違法と考えられるべきかについて、国際人道法の原則が適用されること、および人道の諸原則が適用されることを指摘する。さらに国際人道法は時代的背景などから核兵器には適用されないという一部の主張に対し、その適用は疑い得ないものであると反論し、最後に、核兵器の使用はそのユニークな性質からして、国際人道法の要件にほとんど両立し得ないと思えると述べながらも、核兵器の使用があらゆる状況で国際人道法に必然的に違反すると確信をもって結論しうる十分な要素をもっていないと述べる。その結果、勧告的意見の結論部分では、「核兵器の使用は人道法の諸原則と諸規則に一般的に反する」と述べ、一般的には違法であるが、全面的には違法とは言えず例外が存在することを認めている。

　この勧告的意見は、国際人道法の観点からきわめて詳細に核兵器使用の法的検討を行っており、一般的に違法であるという結論に至ったことは評価すべきである。例外としては、国家の生存が危機に瀕するような極端な自衛の場合を挙げているが、ここで裁判所が議論したのは核兵器の使用のみならず、核兵器の威嚇の合法性・違法性もその対象となっており、両者が同時に議論されたこともあり、たとえば「核抑止」の合法性・違法性の検討も含まれており、例外の部分については合法とも違法とも確定せずに決定的に判断できないと述べている。

　本章が関わる人類・人道の安全保障の観点からは、核兵器の使用は一般的に国際人道法に反するという結論になっており、裁判所による詳細な検討の結果としてそのような結論が出たことは、

国際人道法の側面からは高く評価すべきである。

第5節　核軍縮と国際共生

　国際共生とは、基本的には、国際社会における行動主体の間において、お互いに積極的に努力し協力し、両者にとってともにプラスに働く状況を作り出すことであり、国際社会全体をより平和で安全なまた公正なものにすることを目指すものである。また国際共生は、個々の主体間だけでなく、国際社会全体の利益を促進するものである。

　このような定義にしたがって、核軍縮という問題がどのように国際共生と関わり、国際共生の促進に貢献してきたかを検討するのが本章の目的である。その分析のために核軍縮において安全保障という概念がどのように理解され、発展しつつあるかという側面を強調する。そのため、核軍縮の議論を伝統的な安全保障という枠組みでまず検討し、さらに核軍縮の議論を人類の安全保障という新たな枠組みで検討し、それぞれが国際共生という観点からいかなる意味をもつかを分析する。

1　伝統的安全保障の枠組みでの核軍縮の分析

　伝統的な安全保障の内容は軍事的安全保障であり国家安全保障である。核軍縮もそれにしたがい、国家間の戦略的安定性の強化という目的を第一に掲げ、交渉が行われ条約が締結されてきた。特に米ソ間および米ロ間における核軍縮は、米国およびソ連またはロシアを行動主体として、核兵器の制限および削減の措置を実施するものである。

　その意味では、国際共生の定義にあるように、米ソ／米ロという国際主体の間で、お互いに協力し努力して、両者にとってプラスに働く状況を作り出すものであり、国際社会全体をより平和で

安全なものにすることを目指すものであると考えることができる。米ソ／米ロ間では、1960年代末から戦略兵器制限交渉（SALT）が開始され、ABM制限条約と戦略攻撃兵器制限暫定協定が、さらにSALT II条約が署名され、さらに1980年代に中距離核戦力（INF）条約が結ばれ、冷戦後は戦略兵器削減交渉（START）において、START条約および新START条約が締結されている。

また多国間では、核不拡散条約（NPT）や包括的核実験禁止条約（CTBT）が署名されており、ラテンアメリカ、南太平洋、東南アジア、アフリカ、中央アジアでは非核兵器地帯を設置する条約が締結されている。これらは多数の国家がお互いに協力し努力して、すべての参加国にプラスに働く状況を作り出しており、国際社会をより平和で安全なものにすることを目指しており、国際社会全体の利益を目的としているものである。

したがって、これらの核軍縮条約は、国際共生という目的を実現するものであり、国際共生という理念を実現し展開するのに有益な役割を果たしていると結論することができる。

ただ、伝統的な安全保障が目的とするのは、国家間すなわち国際安全保障であり、核軍縮が目指すのも、国際的安定性、国際平和、国際安全保障である。したがってここでの主体はあくまで国家であることが特徴的である。また核軍縮はその性質からして軍事的なものであり、そのまさに伝統的な安全保障の側面で国際共生が実現されているということができる。

2　人類の安全保障の枠組みでの核軍縮の分析

最近の国際社会においては、伝統的な安全保障の概念に依存して核軍縮の進展を図ることには限界があること、またその概念に基づく努力にはほとんど進展が見られないことが多くの国々から主張されるようになり、新たな概念の下で核軍縮を追求すべきであるという議論が広く行われている。すなわち伝統的な進め方に

おいては、核兵器のもつ軍事的重要性が前提とされ、国家安全保障の観点から核兵器の保持が不可欠とされる状況で議論が行われているため、核軍縮に一定の進展が見られるとしても、その限界が指摘されている。

　伝統的な安全保障の考えの下では、国家の安全保障が大前提となるため、国家の安全保障が損なわれることのない範囲でのみ核軍縮が可能であり、それは段階的に徐々に、ステップ・バイ・ステップに実施していくべきものであると考えられている。そのため、核軍縮の進展はきわめて遅いものであり、2000年および2010年NPT再検討会議で今後の核軍縮措置として合意された諸措置も、ほとんど実現されていない状況である。2015年の会議では最終文書の採択に失敗したが、核軍縮に関して今後取るべき措置に関する議論の特徴は、2010年の最終文書の内容とほとんど同じであった。それは2010年に約束した核軍縮措置のほとんどが2015年までに実施されなかったことを意味している。このように、これまでの核軍縮措置の追求の方法に関して、国家安全保障を基礎とする従来の伝統的方法に多くの疑問が出されるようになってきた。

　このような状況において、ここ数年強く主張されているのが、核軍縮への人道的アプローチである。このアプローチの基本的な考え方は、核兵器の使用の結果は壊滅的なものであるので、核兵器が二度と決して使用されないことが人類の生存そのものの利益であり、核兵器の不使用を絶対的に保証するのは、核兵器の廃絶であるというものである。このアプローチにおいては、国家の安全保障という考えはまったく考慮されないで、基本的には人類の安全保障が中心的要素となっている。

　そこでは、国家の構成員としてある国の利益を代表するのではなく、人類の一員として人類全体の安全保障を志向するものである。また軍事的安全保障だけでなく、人類の生存そのものに関す

る全体的な安全保障を志向するものである。

この新たな考え方を国際共生の観点から分析するならば、国際社会において積極的な努力と協力を進める行動主体は国家だけではなく人類全体となる。すなわち国家のみならず、国連などの国際機構、赤十字国際委員会、NGOなどが行動主体となる。またこれらの行動主体は人類全体を代表するものとして行動しているのであり、人類全体の利益のために、あるいは地球上のすべての人間の利益ために行うものとなる。またそれにより実現されるのは、国家と国家にとってプラスに働く状況を作り出すことではなく、人類全体にとってプラスに働く状況を作り出すことである。

またこれにより、より平和で安全な国際社会が形成されることを目指すものであり、国際社会全体の利益、さらには地球社会全体の利益を促進するものとなる。したがって、国際共生という概念の促進においてもきわめて有用な考え方である。

伝統的な国家安全保障を基礎とする国際共生と人類の安全保障を基礎とする国際共生とを核軍縮の側面で比較するならば、前者においては核軍縮の進展に一定の限界をもつものであるのに対して、後者はその実現は早期に容易であるとは考えられないが、核兵器の削減から廃絶に至る明確な指標を提供するものであると考えられる。

第6節　むすび

核軍縮の議論および交渉は、伝統的には国家安全保障あるいは国際安全保障という概念を基礎として実施されてきたが、最近では人類の安全保障という概念を基礎に議論が展開されている。そこでは、核兵器の使用は壊滅的な結果を伴うので、核兵器が二度と決して使用されないことが人類の生存そのものの利益であり、それを絶対的に保障するのは核兵器の廃絶であると主張されてい

る。

　国際共生の観点から分析すると、伝統的な安全保障の概念に基づきさまざまな核軍縮措置がこれまで実際にとられてきており、それらは国際共生を実現するものと考えることは可能である。しかしこの概念の下では、核軍縮の進展に限界があり、一層の進展のためには新たな概念が必要であるが、それが人類の安全保障である。この概念は核兵器の削減のみならず廃絶への理論的基盤を備えており、より高度の国際共生を実現するための概念としてきわめて重要なものである。

注

1　2010 NPT Review Conference, Final Document, Volume I, NPT/CONF.2010/50 (Vol.1), 18 June 2010.
2　Norway Ministry of Foreign Affairs, "Chair's Summary Humanitarian Impact of Nuclear Weapons," Oslo, 4-5 March 2013.
3　"Second Conference on the Humanitarian Impact of Nuclear Weapons, Chair's Summary," Nayarit, Mexico, 14 February 2014.
4　Vienna Conference on the Humanitarian Impact of Nuclear Weapons, "Report and Summary of Findings of the Conference," 8-9 December 2014.
5　Vienna Conference on the Humanitarian Impact of Nuclear Weapons, "Austrian Pledge," 8-9 December 2014.
6　First Session of the Preparatory Committee for the 2015 NPT Review Conference, "Joint Declaration on the Humanitarian Dimension of Nuclear Disarmament," 2 May 2012.
7　67th Session of the United Nations General Assembly First Committee, "Joint Statement on the Humanitarian Dimension of Nuclear Disarmament," New York, 22 October 2012.
8　Second Session of the Preparatory Committee for the 2015 NPT Review Conference, "Joint Statement on the Humanitarian Consequences of Nuclear Weapons," delivered by South Africa, 24 April 2013.
9　UNGA68: First Committee, "Joint Statement on the Humanitarian Consequences of Nuclear Weapons," delivered by Ambassador Drell Higgie, New Zealand, 21 October 2013.
10　UNGA68: First Committee, "Joint Statement on the Humanitarian Consequences of Nuclear Weapons," delivered by Ambassador Peter Woolcott, 21 October 2013.

11 2015 NPT Review Conference, General Debate, Statement by Austria, Joint Statement on the Humanitarian Consequences of Nuclear Weapons, 28 April 2015.

12 2015 NPT Review Conference, General Debate, Statement by Australia, Joint Statement on the Humanitarian Consequences of Nuclear Weapons, 30 April 2015.

13 2015 NPT Review Conference, General Debates, Statement by the United States, 27 April 2015.

14 2015 NPT Review Conference, General Debates, Statement by the United Kingdom on behalf of China, France, Russia, the United Kingdom and the United States, 30 April 2015.

15 2015 NPT Review Conference, Draft Final Document, Volume I, NPT/CONF.2015/R.3, 21 May 2015.

16 UN General Assembly resolution, A/RES/70/47, 7 December 2015.

17 UN General Assembly resolution, A/RES/70/48, 7 December 2015.

18 UN General Assembly resolution, A/RES/70/40, 7 December 2015.

19 The Russel-Einstein Manifesto. <http://pugwash.org/1955/07/09/statement-manifesto>

20 United Nations, *The United Nations and Disarmament 1945-1970*, United Nations Publication, 1970, p.153.

21 International Court of Justice, *Legality of the Threat or Use of Nuclear Weapons*, Advisory Opinion of 8 July 1996, *I.C.J. Reports 1996*, pp.226-267.

第2章
平和憲法と「非戦型安全保障」

千葉　眞

第1節　はじめに

　2015年9月19日未明、安全保障関連法案が国会で採決強行により議決され、本年7月には参院選で改憲勢力が参議院でも「三分の二」以上の議席を取得した。また参院選後は、本年3月に施行された安全保障関連法に基づき南スーダンに武装した自衛隊を駆けつけ警護および宿営地の共同防衛のために派遣する計画もある。さらにナチスの全権委任法（授権法）もどきの緊急事態条項の法制化の動きをもあり、3年前に麻生太郎副総理が冗談半分で言ったと思われる「ナチスの手口に学んだらどうかね」が、まさに日本の国政において履行されようとしている。こうした日本政治の深刻な危機に直面して、社会には同調圧力が働き始めており、自民党の支持率は漸増すらしている。「積極的平和主義」の宣伝と「アベノミクス」のスローガンに、国民は心情操作され、そこにかすかな「安心」さえ感じ始めている。

　そうした中で安倍晋三首相は、今度の参院選での勝ち馬に乗って「憲法改正」を主要な争点として掲げ、民意を問いたいと言明している。現行憲法を維持するのか、それを改訂するのかという「憲法政治」（B・アッカーマン）のピークに、日本の国政は立ち至っている。周知のように、2012年4月に自民党は「憲法改正草案」を公表し、それ以来、着々と改正のための準備を推し進める一方、それを国政選挙の主たる争点にすることには慎重であっ

た。今ここに来て、安全保障関連法が施行され、内閣支持率も順調に微増している状況を考慮して、いよいよ改憲の国民投票に向けた動きを加速しようと決意したように見受けられる。改憲の目玉はまさに憲法9条の第2項の改訂であり、「国防軍の保持」を明記することにあると言えよう。こうした状況において、今こそまさに国民の政治的判断と政治的意思が問われている。

第2節　平和憲法と安倍政権という反動

1　「八月革命」説と徹底的平和主義

　昨年（2015年）は、日本が第二次世界大戦の敗戦から70周年の節目を迎えた年であった。憲法学者の宮沢俊義は1945年8月15日の敗戦をいわゆる「八月革命」としてとらえ、その流れから生まれた日本国憲法——その後、次第に平和憲法と呼ばれるようになった——に独自の意義と特質を認めた。彼は、『世界文化』1946年5月号に刊行された論考「八月革命と国民主権主義」において次のように主張している。

> 　終戦によって、つまり、ひとつの革命が行はれたのである。それまでの神権主義が棄てられ、新たに国民主権主義が採用されたのである。この事実に着目しなくてはならぬ。……日本の政治が神の天皇から民の天皇に変わったのである。この革命——八月革命——はかやうな意味で、憲法史の観点からいふならば、まことに日本始まって以来の革命である。日本の政治の根本義がここでコペルニクス的ともいふべき転回を行つたのである[1]。

　この「革命」はポツダム宣言を受諾し、無条件降伏によって成し遂げられ、外部から半強制化された一大変革であった。しかも、

そこには革命的人民が不在であり、それゆえに「革命」と呼ぶには奇異な革命であった。したがって「八月革命」説には異論が絶えない。しかしながら、宮沢が指摘したように、「敗戦という事実の力によって、それまでの神権主義がすてられ、あらたに国民主権主義が採用された」という意味では、明治維新以後の大きな体制変革であり、新しい統治体の出現をも意味し、「革命」という名に値するであろう。宮沢の「八月革命」は、今日に至るまで学界では多数説を占めているのも首肯し得る。

筆者はこの宮沢説に依拠しつつ、かつて拙著『「未完の革命」としての平和憲法』(2009年)において「憲法革命二段階説」を提唱したことがある。第一段階は国家の基本構造（コンスティテューション）上の革命であり、第二段階は憲法典（コンスティテューション）制定を起点とする革命である。第二段階の革命は、「八月革命」の必然的結果でありつつ、同時に新しい政治変革、社会変革を始動させる起点でもあった。それは人民主権、基本的人権の尊重、平和主義（非戦主義）という三つの基本原理に基づいて、将来にむけた政治変革と社会変革を志向するという意義と課題を含意した「未完の革命」であった[2]。

平和主義に関して言えば、それは通常の反戦主義とは異なるものであった。反戦主義は、侵略戦争や無差別戦争に反対するものの、自衛戦争を容認する平和主義の一つの立場である。しかし、日本国憲法の平和主義は、前文において平和的生存権を主張し、9条においてより根本的な仕方で平和主義を提起しており、原則としてすべての戦争に反対し、交戦権の否認を要求している。その意味でこの憲法の平和主義の原理は、国際法の歴史において「国際連盟規約」(1919年)、「パリ不戦条約」(1928年)、「国連憲章」(1945年)といった戦争の違法化を目指すさまざまな歴史的法文書に連なる面を保持している。さらに言えば、その平和主義は、戦争の違法化の追求において上述の種々の法文書のさらに

一歩先に歩を進めており、国際紛争を解決する手段としての戦争を放棄し、戦力を保持しないことを要請している。すなわち、憲法9条1項は国家の主権的行為の一部と見なされてきた自衛戦争権の放棄を規定し、その2項は戦力不保持と交戦権の放棄を規定している。こうした規定において、日本国憲法は、平和憲法としての独自の立場に依拠しており、そこに見出されるのは反戦主義や戦争反対といった緩やかな平和主義ではなく、それとは別の位相に立つ徹底的平和主義の要請であった。戦後の一連の保守政権下において、この憲法の徹底的平和主義は、幾多の解釈改憲の試練に直面してきた。政府見解では9条2項の戦力不保持の要請は、自衛のための最小限の実力（戦力ではなく）としての自衛隊の存在とは矛盾しないという見解がとられ、その非戦主義も専守防衛論によって脅威にさらされてきた。しかし、憲法9条は、自国が侵略されるという極限（例外）状況における個別的自衛権の発動を例外的に容認するというぎりぎりの線で踏みとどまっているという見方もなされてきた。

2　遅れてきた反革命：「自民党憲法改正草案」

そして今、この「八月革命」を嚆矢とする戦後の平和憲法体制に対して、一種の「反革命」ないし「反動」の動きが見られる。それは安倍政権という反動の挑戦であり、それが今日、日本政治の危機を作り上げているという認識が、少なからぬ識者たちの間で共有されている。

「戦後レジームからの脱却」を掲げて登場した安倍政権に関して第一に憂慮すべきことは、平和憲法の三大原理である国民主権、基本的人権の尊重、平和主義の曖昧化が結果するのではないかということである。自民党の憲法改正草案の問題点は数多くあるが、「改正草案」という名称にもかかわらず、それが現憲法の基調を覆さずにはおかない主要な論点がいくつかあることだ。これ

は「改正草案」と見なすよりも、「新憲法草案」と理解した方がより適切ではないかという疑念も生じる。その第一の理由は、天皇の地位をめぐる点であり、象徴天皇制は維持するというものの、前文の最初の文章には「日本国は天皇を戴く国家である」という文言が見られることである。「戴く」という言葉は謙譲語であり、その文意は天皇を目上の存在として処遇し、奉りかしこむという含意すら付帯している。これは主権在民を規定する憲法においては矛盾した異質な要素であると言われても仕方がないであろう。また改正草案第一条には「天皇は、日本国の元首であり、日本国及び日本国民統合の象徴であって」と記されている。この天皇の元首化は、現行憲法においては内閣総理大臣が元首であるとするのが通説であることを考慮すれば、明らかに問題をはらんでおり、注意深く検討される必要があろう。この天皇元首規定は、憲法改正の限界を逸脱していると考えるべきではなかろうか。

　さらに天皇の機能を定める改正草案第5条では、現行の憲法第4条の「天皇は、この憲法の定める国事に関する行為のみを行ひ、国政に関する権能を有しない」の「のみ」を削除している。第6条5項で新たに「天皇は、国又は地方自治体その他の公共団体が主催する式典への出席その他の公的な行為を行う」と記し、天皇のいわゆる公的行為の範囲は拡大している。これは天皇の役割を拡大することであり、このことは明らかにこの改正草案が国民主権原理の希薄化を含意していると言えよう。さらに元号・国歌・国旗に関する新たな規定はまた、天皇制の強化を意味し、これまでの象徴天皇制の枠を踏み外す可能性がここには介在している[3]。

　第二にこの改正草案では、現憲法の民主主義や人権に関する規定も大幅に相対化されている。確かに改正草案前文にも「国民主権」や「基本的人権」の尊重という文言は記されているが、「国民の厳粛な信託」としての国政、「人類普遍の原理」としての民主主義的統治、そしていわゆる平和的生存権への言及も、消失し

ている。さらに第 13 条ほかでは近代的人権の基本である人権の保持者が、「個人」から「人」へと変更になり、また人権保障の制約条件としての「公共の福祉」が「公の秩序と公益」に変更になっている。それにとどまらず、現憲法の人権規定の要石とも言われている以下の第 97 条が全面的に削除されている。

> この憲法が日本国民に保障する基本的人権は、人類の多年にわたる自由獲得の努力の結果であつて、これらの権利は、過去幾多の試練に耐へ、現在及び将来の国民に対し、侵すことのできない永久の権利として信託されたものである。

ところで自民党の改正草案の主要なターゲットは、明らかに第 9 条の大幅な改訂である。上述の非戦主義を捨て去り、日本を戦争のできる国にすることが今回の改正草案の最大の課題であることは説明するまでもない。そこでは第 9 条 2 項で「国防軍」の設置を謳っているが、ここで顕著なのは国防軍の十全な民主主義的統制（たとえば発動の国会の事前承認など）が不在であり、さらにいくつかの国々の憲法で規定されている諸個人の良心的兵役拒否の可能性を認めていないことである。むしろ第 9 条 3 では国防の責務を国民に負わせる「国民の協力」を前提としている文言もある。それが「公の秩序と公益」に役立つことの必要条件であるとすれば、徴兵制の導入──これを現政権は否定しているが──への不安を払拭することは困難である。またそれだけでなく、非戦や反戦の言動が、戦前戦中のように「国賊」、「非国民」扱いされる可能性への歯止めの規定も定められていない。

第 3 節　「積極的平和主義」の問題性

安倍政権は 2012 年 4 月 27 日に憲法改正草案を公表した後、そ

の軍事的色彩をカモフラージュするためか、「積極的平和主義」という用語を多用するようになる。この用語は、2013年12月（第二次安倍政権がスタートして一年後）に発足した日本版NSC（国家安全保障戦略会議）作成の文書「国家安全保障戦略について」（2013年12月17日、国家安全保障会議決定、閣議決定）において使用された。実は第一次安倍政権（2006年9月～2007年9月）においても、安倍首相はこのような国家安全保障戦略の基本方針の確定を企てていたが、体調悪化による突然の辞任で挫折していた。その後の自民党政権ではこうした試みは封印されたが、第二次安倍政権において、この文書が閣議決定により採択された。その前後から安倍首相本人は、「積極的平和主義」という用語を頻繁に口に出すようになっていた。2015年7月1日の集団的自衛権行使承認の閣議決定文書に三度も出てくる「国際協調主義に基づく積極的平和主義」という表現が、すでにその半年前のNSC文書「国家安全保障戦略について」において使用されていた。この文書の「II 国家安全保障の基本理念」には、以下の文章が見られる。

　　これらを踏まえ、我が国は、今後の安全保障環境の下で、平和国家としての歩みを引き続き堅持し、また、国際政治経済の主要なプレーヤーとして、国際協調主義に基づく積極的平和主義の立場から、我が国の安全及びアジア太平洋地域の平和と安全を実現しつつ、国際社会の平和と安定及び繁栄の確保にこれまで以上に積極的に寄与していく。このことこそが、我が国が掲げるべき国家安全保障の基本理念である[4]。

こうした日本版NSCの国家安全保障の基本理念に基づき、安倍政権は憲法9条改訂への布石としてまず憲法96条の改正を提起したが、国民に反対が根強く、これを断念した。しかし、その後、2014年7月1日の閣議決定による解釈改憲という禁じ手――

立憲主義の否定——を使って、集団的自衛権行使容認を取り決めるという挙に出たのだった。

さて前述の基本理念のレヴェルでの「積極的平和主義」は、この「国家安全保障戦略について」文書の段階ではいまだにその内実が明らかではなかった。むしろその文言は戦後の平和主義路線を地道に辿っていくかのような印象すら与えるものであった。しかし、安倍政権のその後の政権運営によって明らかになったのは、結局、これは実際には集団的自衛権行使の容認という具体的目標があり、事実上、自衛隊を「普通の国」の軍隊に格上げし、アメリカに追従しつつ、その「対テロ戦争」と軍事的安全保障に積極的に参与する能動的軍拡主義——日米同盟強化に基づく——であることが明らかになった。前述の集団的自衛権行使容認の閣議決定は、憲法9条の戦争放棄、戦力不保持、交戦権の放棄を反故にし、これまでの政府解釈であった専守防衛という意味での個別的自衛権行使の容認にとどめるとする歯止めすら取り除く憲法破壊を含意していた事実を追認するものでもあった。

安倍政権の「積極的平和主義」の具体的内実が明らかになった今、この表現が言葉の詐称以外の何ものでもないことは一目瞭然であろう。今日、安倍政権は武器輸出三原則を撤廃し、武器や武器部品の輸出に道を開き、原発の輸出に躍起となっている。それだけでなく現政権は、日米軍事同盟の強化を通じて、現代の戦争国家アメリカのお先棒を担いで世界各地で有志連合諸国の軍事的行為への後方支援を行おうと、国内外の軍事的安保法制の確立と日米ガイドラインの軍事的協力の強化にコミットしている。これを推進する合い言葉として、「積極的平和主義」という名称を使用している。

問題は、結局、日米軍事同盟および抑止力の強化を骨子とした軍事的安全保障の強化をこの名称で呼んでいることである。というのも、「積極的平和主義」の内実、そしてそれを基軸として成

立した安全保障関連法が、積極的戦争容認主義であることは明らかだからである。これが大いに問題であることは、説明するまでもないであろう。それは戦後日本社会が、憲法9条との関連で想定していた戦争放棄、戦力不保持、交戦権の否認という徹底的平和主義の規範に真っ向から抵触するばかりでない。それはまた、ヨハン・ガルトゥングなどが平和研究の分野で長年議論してきた「積極的平和」（positive peace）の実質的内容——直接的暴力と構造的暴力の克服、餓死や極度の貧困の除去、社会正義、衡平、共生などの含意を有する——をまったく無視した代物であるばかりでない。それはまた、耳障りのよい言葉で人心を欺くまやかし以外の何ものでもないように見える。この表現は、結局のところジョージ・オーウェルがディストピア小説『1984年』（1949年刊行）で言及した「ダブル・シンク」（二重思考）や「ダブル・スピーク」（二重語法）に近いものと言えよう。というのも、暗黙のうちに北朝鮮と中国を「仮想敵国」として軍事的安全保障の強化を推進する試みを「積極的平和主義」呼ばわりする物言いは、オーウェルが批判する「戦争は平和である」、「隷属は自由である」式の言葉の操作がここに見られるからである。

　この関連で留意すべきは、アメリカの保守系のシンクタンク「ハドソン研究所」で行った安倍首相の演説（2013年9月25日）である。この演説は中国を仮想敵国として暗に名指しした点、さらに「私を右翼の軍国主義者と呼びたければ呼べ」と大見得を切った点で、注目すべき演説だった。さらにこの演説で彼は、「積極的平和主義」を英語表現では"Proactive Contributor to Peace"（平和への積極的貢献者）という用語で置き換えた[5]。この表現は、アメリカ議会における昨年4月29日（日本時間4月30日未明）の安倍首相の議会演説「希望の同盟へ」においても、二度使用されている。"proactive"という用語は、「率先して」、「先取りする」、「進取の」という意味の形容詞であるが、近年のアメリカの外交と

戦争政策の言語においては"preemptive"（先制的）という用語に少し似たような響きと意味合いがある。つまり、イラク戦争後のアメリカの戦争用語において、"proactive"は「先制攻撃戦争」（preemptive war）を想起させる用語でもある[6]。

第4節　共通の安全保障から協調的安全保障への展開

1　非軍事型安全保障の歴史的経緯

冷戦終結後の国連主導の「平和と安全保障」論は、巨視的なパースペクティヴで見た時に、ヨーロッパ諸国に巻き起こった戦間期の「戦争違法化」（outlawry of war）の運動、「パリ不戦条約」（1928年）、「国連憲章」の制定および「国連」の創設（1945年）、「世界人権宣言」の制定（1948年）といった一連の流れに根ざしていることは間違いないであろう。戦間期の「戦争違法化」の運動は、最終的には戦争の廃絶を目指し、戦争を原則的に違法とする動きであり、第一次世界大戦の惨状に関する深刻な認識と反省から出発し、とくにアメリカ合衆国で大きな高まりを見せた。この関連では「戦争の違法化」という用語の生みの親であるサルモン・O・レビンソンをはじめ、ウィリアム・E・ボラ、ジョン・デューイ、チャールズ・C・モリソン、ジェイン・アダムズなどが、当時、この運動を推進した[7]。この戦争違法化の運動を受けて、1928年8月27日にはパリ不戦条約（別名、ケロッグ＝ブリアン協定）が締結された。その後、戦争を違法化し、世界平和を何とかもたらそうとするこうした戦間期の平和主義の展開は、第二次世界大戦の勃発によって挫折したが、しかしその後、「国際の平和と安全」の「維持」を第1条で謳う「国連憲章」（1945年）が採択され、国際連合の設立に繋がったと理解できるであろう。しかし、国連は初発の段階から米ソ冷戦に直面し、機能不全を来したが、冷戦下の1970年代初頭にヨーロッパで展開した対話＝信

頼醸成外交に連動することによって、国連主導の軍縮や紛争解決活動、平和維持活動や平和創造活動を展開することになる。

　冷戦期のヨーロッパにおいて、NATO（北大西洋条約機構）への過度の依存への反省から1975年に設立された「欧州安全保障協力会議」(Conference on Security and Cooperation in Europe/CSCE) の誕生が大きな意味をもった。この非軍事的安全保障の全ヨーロッパ的団体は、米ソ冷戦時代後期に西欧諸国と中東欧諸国との信頼醸成を高め、対話外交を可能にすることによって、冷戦の終結に少なからぬ貢献をなした。冷戦後、この団体は1994年12月にオーストリアのウィーンに本部をもつ「欧州安全保障協力機構」(Organization for Security and Cooperation in Europe/OSCE) へと名称変更する仕方でさらに進化し、今日に至るまで三つのバスケットと呼ばれる①政治・軍事部門、②経済・環境部門、③人間部門（民主化、人権、文化交流など）において、和解と平和構築に大きな役割を果たして今日に至っている。現在、OSCEはヨーロッパ、中央アジア、北アメリカの57カ国が加盟しており、世界最大の地域安全保障機構となっており、日本もアジア・パートナー国として参加している[8]。

　1970年代半ばのCSCE/OSCEの設立の背景には、軍事に偏重した安全保障への大幅な依存のために、結局、冷戦を不必要に長引かせてしまったという反省があった。こうしてCSCEの設立を契機に、ヨーロッパにおいてはNATOへの依存度を弱め、各国の閣僚や大使クラスが定期的に会合を開いて顔を合わせ、情報交換を頻繁に行い、緊張を和らげ、信頼醸成のメカニズムが作り上げられていった。CSCEは「共通の安全保障」(common security) を採用し、他国の不可侵、軍縮、対話外交、経済交流などを柱に非軍事的な安全保障政策にコミットし、冷戦構造の克服の道筋を探った。さらにパルメ委員会の報告書（1982年）の提出もあって、米ソ両陣営間には対話の通路がさらに広げられ、信頼醸成の

気運が一層高まることになった。注目すべきは、ここで採用された「共通の安全保障」という非軍事的安全保障政策であり、あくまで対話と信頼醸成のメカニズムを駆使して、平和を達成しようとする試みであった[9]。こうして紆余曲折があったものの、信頼醸成と対話に基づく軍縮・平和外交が奏功し、1990年代初頭に米ソ冷戦の幕引きを準備する一要因となった。

2　今日の協調的安全保障の展開

　CSCEがOSCEへと発展的に継承された1990年代以後も、この非軍事的安全保障の地域機関は、軍縮の促進、危機管理、危機低減措置、信頼醸成、紛争予防、対話外交にコミットし、NATO、EU（欧州連合）、57カ国にもおよぶ加盟国との連携を密にとりつつ、「大西洋地域からウラルまで」の「平和と安全保障」に多大な貢献をしてきた。OSCEの守備範囲はヨーロッパ全体とユーラシアであるが、とりわけ旧ソ連地域と旧ユーゴ地域において数多くの紛争予防と紛争管理の活動と作業にあたってきた[10]。近年ではたとえば、ロシアとウクライナの間にクリミアをめぐる紛糾が生じた際、2014年3月21日にOSCE特別常設理事会において「特別監視ミッション」の派遣が採択され、同地域の監視と危機低減活動に乗り出した。またその後、ウクライナ政府とウクライナ東部の親ロシア派集団との戦闘行為の激化に伴い、ウクライナ東部もOSCEの監視下に置かれるようになった。

　こうしたCSCE/OSCEの営みは、その後の国連自体の平和維持活動、平和創造活動に直結し、その延長線上で平和構築活動をも準備していくものだった。同時にOSCEによって採用された上記の共通の安全保障は、その後さらに進化を遂げ、より包括的な「協調的安全保障」（cooperative security）が提唱され、現在ではノルウェー、デンマーク、スウェーデンなどの北欧諸国、カナダ、ニュージーランド、オーストラリア、ASEAN（東南アジア諸国連

合）などが、こうした非軍事的安全保障を骨子とした包括的な協調的安全保障に基づく外交路線を採用している[11]。今日の国連主導の平和維持活動や平和構築活動は、こうした閣僚・大使クラスの定期的会合による対話と信頼醸成に基づく平和外交など、冷戦時代の CSCE/OSCE の働きと系譜を継承するものという性格が強い。

だが、21 世紀に入ってから OSCE はテロリズムに対する闘いと制御とをその主たる任務とするようになったが、この課題は必ずしも十分に成功しているとは言えない。OSCE は、テロリズムへの実効的な対抗措置の構築にはいまだに至っていないと言えよう[12]。近年の OSCE への批判としては、ロシアからの強硬な異議申し立てがある。ロシアの観点から見れば、OSCE はとくに 21 世紀に入ってから、東西陣営の対立と緊張の緩和と克服という当初の主要な任務を十分に果たしておらず、西側の自由民主主義の推進者へと転換しつつあると指摘されている。しかしまた、OSCE 本部ならびにロシア以外の国々からは、近年のロシアの動向について懸念が表明され、OSCE の従来の基本方針に関するロシアの無理解と非協力への批判もなされており、ロシアと他の国々とのあいだに緊張が増大している。

しかし、OSCE による基本的に信頼醸成と対話促進に基づく包括的な非軍事的平和構築の作業は、これまでほとんどすべての加盟諸国とパートナー諸国から高い評価を受けてきた。OSCE のこれまでの運営方式でまず注目したいのは、週1回の割合で加盟諸国は、軍事専門家出席の下で大使クラスの会合を継続していることであり、何か地域に問題が生ずれば、すぐに情報交換、質疑応答ができる仕組みを作り上げてきたことである。島の領有問題で紛糾し始めた東アジア、そしてより広くは東南アジアや環太平洋地域でも、OSCE 方式の非軍事的安全保障の枠組みの創設の検討を開始すべき時期に来ていることは確かであろう[13]。

第5節　東アジアにおける国際共生

　いかなる理論化の作業——とくに平和の問題——も、その人が自ら身をおく具体的かつ現実的な歴史的文脈の「実存」そのものから始められねばならない。筆者にとって、この「生活の座」はいくつもの仕方で表現されねばならないが、その最も重要な歴史的文脈の一つは東アジアにおける日本である。この歴史的および地域的な東アジアの中の日本という具体的文脈とは、明らかに無実かつ無垢な日本を意味しない。周知のように日本は、1931年に始まり1945年に終結するいわゆる「十五年戦争」期に、その戦慄すべき超国家主義と軍国主義とによって、隣接するアジア・太平洋諸国を侵略した国家である。日本政府はこの15年ほど、特に経済と科学技術の分野における「東アジア共同体」ないし「東アジア・パートナーシップ」の政策の追求に着手すると何度か宣言してきた。しかし、この試みは必ずしも近隣諸国に諸手を挙げて歓迎されたわけではなかった。日本政府および財界などによる前述の「東アジア共同体」の言説は、近隣の東アジア諸国にとっては、一方における経済的利益の観点からの積極的評価と同時に、他方、歴史問題ないし歴史認識の問題との関連では一種の冷淡さないしは微妙なためらいをもって受け止められてきた感がある。

　また周知のように、この東アジアの文脈において日本政府は、40年余りにわたって、北朝鮮による日本人拉致問題を激しく非難してきた。しかし、かつての東アジア諸国の歴史的文脈において、戦時中、朝鮮半島の数十万単位の人びとを兵役や強制労働や慰安婦業務のために連行し酷使した、当時の日本政府の非人道的な国家的拉致の問題が存在した。この歴史的過誤と真摯に向き合うことなく、日本人拉致問題が提起された経緯からか、この問題

も、同情とともにある種の無関心とためらいをもって受け止められてきたきらいがある。それに加えて、日本は今日、近隣諸国とのあいだに三つの島領有問題をかかえている。すなわち、ロシアとの北方領土問題、韓国との竹島問題、そして中国との尖閣諸島問題である。特に竹島問題、尖閣諸島問題の解決に向けての動きは、暗礁に乗り上げているか、あるいは停滞している。さらには従軍慰安婦問題ならびに韓国、台湾、中国の労働者に対する強制移住や強制労働を含む、日本の戦争謝罪と戦争責任問題は完全な解決を見ないまま放置されており、和解に向けた早急の話し合いおよび真なる解決が求められているのも、現実である。ポスト冷戦の歴史的文脈において、日本政府はこれらの懸案事項と真摯に取り組む必要があったが、それが十全な仕方での履行ないし再履行には至らなかった。

　もっとも慰安婦問題に関しては、昨年（2015年）12月28日に、岸田文雄外相と韓国の尹炳世外交部長官との間に「不可逆的な解決」としての日韓合意が成立したと報道された。だが、いまだに安倍首相からの真摯な謝罪はなされていないし、韓国の世論も冷ややかである。今後、この日韓合意が当事者たる元慰安婦たち自身──すでに逝去された方々も多く、生存者は少数になってきている──および家族にとって、また両国の政府と国民にとって、この日韓合意が納得のいく仕方で、より十全な形で確実に実施されるかどうか、まさに日本政府と市民社会からの真剣な対応が求められているのには、変わりはない。

　東アジアにおける和解と平和を妨げているこれらの幾重ものハードルを一つひとつ取り除き、この地域において国際共生を少しでも実現していくためには、注意深くも精力的で多角的な地道な努力が早急になされる必要がある。もちろん、政府間の外交や交渉はその中心に位置づけられねばならない。しかし、市民社会のレヴェルにおいても、これらの諸問題を討議し解決するための

諸種のトランスナショナルな市民フォーラムやネットワークの構築が必要であり、歴史家などの専門家たちの合同研究会などを開催し、共同の学習と討議と議論の場を設ける必要がある。特に東アジア諸国の歴史家たちが研究と討議のための会合を定期的にもち、東アジア地域の共通の歴史について資料を収集交換し、この広域リージョンの共通の歴史認識──おそらく複数の歴史観──を保持する試みは是が非でも行われる必要があろう。実際には近年すでにこうした試みはいくつかなされてきてもおり、これは貴重な動向である。こうした努力とともにもう一つ追求されねばならない平和と和解への道筋としては、二国家間、多国家間いずれにせよ、単一問題解決型であれ、複次元的問題解決型であれ、東アジアにおける前述の諸種の問題や論争を解決するために、国連のサポートの下に第三者機関による仲裁や和解や調停の試みも行われるべきであろう。このような真摯な努力なしには、東アジアは現代世界の中で唯一冷戦構造が依然として残存する地域として取り残されてしまうであろう。

　戦争責任や戦時の侵略や犯罪への謝罪が実効性をもつためには、その背後に真摯な悔恨と赦しを切に求める誠実さが要求されることは、個人的な謝罪の場合も、集団間の社会的および政治的謝罪の場合も同じである。日本の歴代の首相の謝罪声明は、一部の例外を除いて、このような心底からの悔改めに基づいて赦しをこい願うタイプのものではなく、通り一遍のものだったという印象が強い。そして戦争責任の場合に──社会的ないし政治的赦しの場合も同様だが──、決定的に重要なのは①率直な悔恨の感情の表白、②なぜそのような侵略行為や蛮行や政治的犯罪に陥ってしまったかの理に適った説明と反省、さらには③正義と衡平の原則に適う誠実な償いの三要素が不可欠である。日本政府の戦争責任履行の場合には、これら三要素（感情・理性・行為）のいずれの面でも不十分であった。

戦後の歴代の首相のうちの誰が、大虐殺が行われた南京に赴いて、あるいは教会焼き討ち事件の現場になった提岩里（現在の華城市）に赴いて、その現場の前で頭を垂れて謝罪を行っただろうか。後に見るように、日本の市民社会レヴェルでは南京でも提岩里でもそのような謝罪行為が例外的にいくつかなされてきたが、日本政府の側からは、戦争謝罪と戦争責任の問題は解決済みであるとの立場を固守するがゆえに、なされて然るべきこのような謝罪行為が行われてこなかった。こうした不作為は、1970年に西ドイツのW・ブラント首相が、ポーランドのワルシャワ・ゲットーに赴いて、記念碑の前に跪き深く頭を垂れて、ナチス・ドイツのユダヤ人虐殺について謝罪と哀悼を捧げた事例と際立ったコントラストを示している[14]。

　日本の政府と市民社会にとって、こうした国際共生を漸進的に実現していくためには、平和構築外交による戦争の被害諸国との和解の成就がどうしても求められるであろう。そしてまた、そのために踏み出さねばならない一里塚として、これまで不十分にしか履行されてこなかったことへの埋め合わせとして、戦争の被害者諸個人や子孫の家族に対する戦争責任の真摯な履行が求められることは指摘するまでもない。これまでの日本政府の戦争責任の履行は、筆者が別の著作で述べたように、国家間の賠償問題に終始し──これですら不十分であった──、犠牲者諸個人への補償はほとんどなされなかった[15]。東アジアというこの広域リージョンには、冒頭でも触れたように、解決すべき困難な問題がいくつもある。これらの問題群の解決を目指す試みとして、二国間にせよ多国間にせよ、和解と平和構築にむけた日本側からの地道な働きかけ──場合によっては第三者機関を交えた種々の仲裁や和解や調停の努力を含む──の重要性を改めて喚起しておきたいと思う。

第6節　むすび

　既述した CSCE/OSCE の共通の安全保障、およびその後、世界のいくつかのリージョンにおいて継承されていった協調的安全保障は非軍事型の安全保障であり、非戦主義を基本原則としている。まさにこれらの方策は、日本の平和憲法の非戦主義に適合し、またそれに組み入れられてしかるべき非軍事的安全保障と言えるのではなかろうか。そして尖閣諸島や竹島の領有問題で紛糾し始めた東アジアにあって、CSCE/OSCE 方式の非軍事的安全保障のアプローチこそ、今日、模索されるべきではなかろうか。非戦主義と非軍事、これこそ、日本の政府と市民社会が、東アジアと世界に向けて旗幟鮮明にすべき平和国家の基本路線であると思われてならない。そしてその関連での注目すべき近年の動きとして、2011 年に開始された TRS（Trilateral Cooperation Secretariat ／日中韓三国協力事務局）と呼ばれている三国の外務省ベースの協力会議がある。これは日本、中国、韓国という東アジア諸国の政府首脳が、外務省ベースの協議によって平和構築と経済協力を推進していこうという新たな動きであり、昨年（2015 年）11 月に 3 年半ぶりに韓国で開催された。こうした国際共生のための協働を積み重ねていくことが、当面の課題と言えるであろう。

注
1　宮沢俊義「八月革命と国民主権主義」(『世界文化』第 1 巻・第 4 号、1946 年 5 月)、68 頁。
2　千葉眞『「未完の革命」としての平和憲法――立憲主義思想史から考える』(岩波書店、2009 年)、122-129 頁。
3　たとえば、以下を参照。山内敏弘『「安全保障」法制と改憲を問う』(法律文化社、2015 年)、172-179 頁。
4　http://www.cn.emb-japan.go.jp/fpolicy_j/nss_j.pdf#search= 国家安全保障戦略。傍点は筆者。
5　http://japan.kantei.go.jp/96_abe/statement/201309/25hudson_e.html
6　千葉眞「憲法平和主義の系譜 vs.『積極的平和主義』」(樋口陽一・山口二

郎編『安倍流改憲に *NO* を！』岩波書店、2015 年）、176-178 頁。

7　たとえば以下を参照。三牧聖子「戦争違法化思想とアメリカ外交」（『アメリカ太平洋研究』（東京大学）13 号（2013 年）、22-31 頁。三牧聖子『戦争違法化運動の時代』（名古屋大学出版会、2014 年）。

8　Cf., D. J. Galbreath, *The Organization for Security and Co-operation in Europe* (London and New York: Routledge, 2007), pp. 1-23, 29-38, 65-114. J. D. Sandole, *Peace and Security in the Postmodern World: The OSCE and Conflict Resolution* (London and New York, Routledge, 2007), pp. 45-60. 植田隆子『欧州安全保障協力機構（OSCE）の危機低減措置と安全保障対話』（モノグラフシリーズ 21、国際基督教大学社会科学研究所、2014 年）、1-8, 13-22 頁。

9　パルメ委員会報告書については以下を参照。パルメ委員会編『共通の安全保障：核軍縮への道標──パルメ委員会報告書──』（森治樹監訳、日本放送出版社、1982 年）。この報告書において「共通の安全保障」という仕組み、つまり、信頼醸成、対話外交、非戦非核地帯の設置、軍備削減と軍縮の促進、軍事的情報の公開と共有、国連の役割強化といった諸原則に立つ非軍事的安全保障のメカニズムが提起され、それが CSCE/OSCE において継承され、基本的政策指針となった。この当時新たに提起された安全保障論は、複数国の互恵性と信頼醸成に依拠した新種の安全保障論であり、従来の抑止論を中心にしたゼロサム型の軍事的安全保障とは一線を画すものだった。パルメ委員会編、前掲書、7-10, 34-42, 202-228, 236-245 頁。

10　E.g., Galbreath, *op. cit.*, pp. 6, 43, 65-91. Sandole, *op. cit.*, 45-64, 95-127. A. Checiu, *Securing Civilization?: The EU, NATO, and the OSCE in the Post-9/11 World* (Oxford: Oxford University Press, 2008), 131-132.

11　アリス・アッカーマンの指摘するところによれば、CSCE/OSCE の活動は、諸国間の敵対的関係が、一定の時間的経過をへて新たな規範と慣習を通じてより友好なものへと変革されていく好箇の事例を提供している。その意味でこれらの活動は、紛争後の平和構築、持続可能な紛争予防、積極的平和の実現のための成功例、範型であることをやめないと指摘されている。Ackermann, "Foreword," in Sandole, *op. cit.*, xiv.　CSCE/OSCE から派生した「共通の安全保障」ならびに「協調的安全保障」については、以下をも参照。植田隆子「協調的安全保障とは何か」（『世界』第 611 号、1995 年）、256-265 頁。百瀬宏・植田隆子編『欧州安全保障協力会議 1975-92』（日本国際問題研究所、1992 年）。防衛大学校安全保障学研究会編『新訂第 4 版安全保障学入門』（亜紀書房、2013 年）、17-19, 76-84 頁。

12　Cf., Checiu, *op. cit.*, 123-154.

13　ヨーロッパ安全保障を専門にする植田隆子は、この 20 年余り、OSCE 方式を東アジア地域に導入する可能性についてさまざまな角度から検討している。たとえば以下を参照。植田隆子、前掲モノグラフ、13-53 頁。 Cf.,

Galbreath, *op. cit.*, pp. 131-132.
14 　千葉眞『連邦主義とコスモポリタニズム——思想・運動・制度構想』(風行社、2014 年)、287-288、297-298 頁。
15 　同上書、303-304、319-320 頁。

第3章

安全保障アプローチから紛争転換を軸とした平和アプローチへの移行

奥本京子

第1節 はじめに

　われわれが生きる現代社会・世界は、安全保障がますます必要な時代にあるとされる。その背景として、冷戦後に地域武力紛争が立て続けに勃発し、世紀をまたいで「テロリズム」を撲滅するとの「戦争キャンペーン」がグローバルに展開されており、より強硬な軍事を求めることが正当化される。より狭量で不寛容な外交や報道が次々と展開し、さらには、より多く消費させ格差や孤立を生み出す経済が是とされ、人々を勝者と敗者に分類・分断する。こうした傾向は、われわれの安全を守るのは誰か、との単純な問いを人々に突きつけ、白か黒か、敵か味方か、といった二項対立的発想に終始する。

　現在の日本社会においては、原発、特定秘密保護法、米軍基地辺野古移設、靖国参拝、安全保障関連法制等に映し出される、政治・軍事の多くの課題が山積している。社会の中で起こる出来事に内在する暴力性を許容せず、状況をどのように転換することができるか。よりよい社会――平和で人権が守られる社会、問題を解決する能力のある社会、多様性を喜び共生しようと努力する社会――を作るための行為を創り出すことが求められていよう。しかし、二元論的発想の社会を、多様な価値を包摂する社会へと変革するには、それ相応の工夫が重要だ。

本章では、現在の時代における国際共生を目指す紛争解決の意義を認めたうえで、安全保障とは本来何を意味するのか、それによって目指す世界とは如何なる状態なのかを、批判的に検討する。次に、安全保障のシステムに替わる平和の意味を問い、国家・国際社会と共に、あるいはそれ以上に、市民社会・NGOが主体となる国際共生を創りだすための紛争転換のあり方を考察し、その実現に向けて如何なる方法が可能であるのかを提案する。それは、ファシリテーション・メディエーションといった非暴力介入を通じて平和的手段により実践できるものであるとする。それらの紛争転換の手法は、信頼と不信、自立と依存のジレンマを超越し、信頼醸成と相互扶助を育み、連帯を可能とする介入となる。

第2節　安全保障の意味を問う

平和紛争研究者・実践家のヨハン・ガルトゥングによれば、国際共生や紛争解決とは、国民国家制度を否定せず、しかし市民社会・NGOの役割を過小評価せずに、達成できる目標であり手段である[1]。東北アジア平和共同体を提唱するにあたり、ガルトゥングは、相互に利益・権益を共有する、日本・二つのチャイナ・二つのコリア・モンゴル・ロシア等の国家間共同プロジェクトの重要性を説く。目前の世界・社会の構造を検証し、その状況を現実的に、しかし、より良く発展させることが、今われわれが生きる時代に求められている第一の作業であろう。この視点には、後述するトランセンド理論で言うところの「妥協」の要素が入り込んでいる。それは、トランセンド理論における二元軸の、「撤退」から「超越」に向かうプロセスにおける重要な「妥協」点ではある。

この視座から、安全保障とは何を意味し、それにより目指す世界は如何なる状態かを、批判的に検討する。安全保障は、現実に

おいて言うまでもなく重要ではある。それは、現実世界の諸問題を把握しつつ、可能性としての暴力に備えるとの発想である。すなわち、「信頼」と「不信」、そして「依存」と「自立」といった鍵概念を通して、安全保障の根源的あり方を概観する必要があろう。

1 信頼 (trust) と不信 (mistrust)

平和構築実践家、エマ・レスリーと筆者が、平和構築とは何かについて対話を行ったとき、平和創造の主体となる人々にとっての信頼の重要性について合意したことがあった。その時の筆者の言葉が次である。"I firmly believe that to be an effective peacebuilder you need to be able to trust."[2] 信頼は平和の要であるにもかかわらず、われわれが生きるこの世界は不信に満ちていて、平和についての議論もその前提で行われているのではないか。それは、本来、平和の追求とは別の方向性を持つのではないか。

第二次世界大戦末期、1945年のドイツの降伏直前にナチスの強制収容所で刑死したキリスト教神学者、ディートリヒ・ボンヘッファーは、平和が如何にして実現するのかについて、次のような言葉を残している。

> いかにして平和は成るのか。政治的な条約の体系によってか。いろいろな国に国際資本を投資することによってか。すなわち、大銀行や金の力によってか。あるいは、平和の保証という目的のために、各方面で平和的な再軍備をすることによってであるか。違う。これらすべてのことによっては平和は来ない。その理由の一つは、これらすべてを通して、平和 (Friede) と安全 (Sicherheit) とが混同され、取り違えられているからだ。安全の道を通って〈平和〉に至る道は存在しない。なぜなら、平和は敢えてなされねばならないことであり、一

つの偉大な冒険であるからだ。それは決して安全保障の道ではない。平和は安全保障の反対である。安全を求めるということは、［相手に対する］不信感を抱いているということだ。そしてこの不信感が、ふたたび戦争をひきおこすのだ。安全を求めるということは、自分自身を守りたいということである[3]。

ここで翻訳されているドイツ語、"Sicherheit"は、本章における「安全保障（英語、security）」に相当する。ボンヘッファーは、当時の社会において「平和」と「安全保障」の概念が取り違えられていると指摘する。安全保障という道によっては決して平和に到達できない。安全保障を追求するということは、相手に対して不信の念をもつことを意味するからであり、不信が戦争を生み出すからであると言う。

　もともと、"security"（安全保障）との言葉は、ラテン語の"secures / securitas"から派生する。"se"は「〜から自由であること」、"cura"は「不安」や「心配」を意味する。すなわち、安全保障とは、不安や心配から自由であることや、気遣いの無さを指す。不信を前提とする人間関係・社会のあり方において、不安や心配を取り除く作業は重要であり、それを、securityと呼ぶのであろう。それは、国家による国家のための伝統的な安全保障を第一義とし、人間の（ための）安全保障と概念を拡張したところで、不信・不安に基づくという点に変わりはないであろう。

　政治学研究者、岡野八代は、安全保障の概念とは、「国際関係においては友・敵論にたち、社会関係においては個人間の関係を敵対的にとらえ、また諸個人の主観においては、予見不可能な未来に対する人々の不安や恐怖を掻き立てることによって成立し、維持されてきた支配的な政治観」であると言う[4]。

　それゆえに、不信・不安に基づく安全保障概念とは、秘密主義

的である。透明性・開示性・応答責任性とは明瞭に一線を画し、ある一定の視点から――特に権力者のそれから――物事を管理しようとする力が働くのであろう。そして、信頼に基づく平和概念とは、反秘密主義的である。透明性・開示性・応答責任性を重視し、当事者に寄り添い配慮しつつも、特定の立場の視点から管理しようとするのではなく、より非暴力的な関係性の発展に力が働くのであろう。

2 依存（dependence）と自立（independence）

　個人が自立（自律）することは、近現代社会において無批判に肯定的にとらえられてきた。人は依存してはならないとされ、繋がり合うことよりも、独立して生きることを追求して、あるいは追求させられて、きた。反対に、人間性における重要素である可傷性・脆弱性は、自立することを是としてきたわれわれの近現代社会において無視・軽視されてきた。しかし、貧困、孤立、抑圧、搾取、差別等がより可視化・激化する社会となった現在、自立することは、生きること（生き長らえること・生き抜くこと）と直結しない。平和研究者、勅使川原香世子は、路上生活者は自立した人々であると言う[5]。彼らは、社会の制度や他者に依存しないで（できないで）、助けを求めずに独りで生きる人々である。本来、人間とは、依存し合い、助け合うことが大事な生き物であり、自立という名のもとに孤立させられることに抗していくための何がしかの手だてが、実は必要なのであろう。

　岡野はまた、政治思想・理論は、依存を忌避してきたとする[6]。それは、「女・子ども」は政治的主体として認められず公的領域から排除されてきたことや、公的な政治主体を中心に構想された政治思想・理論においては、私的領域に閉じ込められた女たちをめぐる、依存に対する侮蔑や否認がつきまとうことと通じる。それは、他者に依存しなければ生きていけない存在であるという意

味と、依存する存在に対してケアを与える存在であるという両方の意味において、歴史的に女性たちは依存する存在と見なされてきたということである。

　ケアとは、「自分自身と他者との間で互いのニーズに積極的に応答し合うさいにもとめられるもの」であり、暴力と相反するものである。一方、安全保障とは、諸個人が脆弱性に気を配らなくてもよいことを保証する[7]。そこで、主権的主体への批判、すなわち「安全保障を存在理由とし、圧倒的な暴力装置を備えた主権国家への批判」[8]が重要である。岡野はサラ・ルディクを引きつつ、暴力に曝される危険性を根絶しようとする安全保障の論理を、「暴力から目を背けるのではなく、むしろ暴力を探し出し、誰がいかに傷ついたのかを詳細に尋ねようとする」[9]平和構築のあり方と対比させる。こうしたフェミニズムの平和構築のための試みを議論する岡野の視点は、重要である。

　岡野はさらに、「人間の条件である不可避の可傷性・脆弱性に目をつぶろうとする安全保障という考えに孕まれた暴力性は、『人間の』という形容詞を付す」すなわち「人間の安全保障」と冠することによって克服できるものではないとする[10]。ケアの実践とは何かを問いながら、多数のフェミニスト研究者を引き、「ケア実践には、矛盾や軋轢、さらに不満が内在すること」を受け入れることが重要であり、「いかにケアの必要を注意深く見積もるか」が重要であるとする[11]。ヴァージニア・ヘルドの言葉から「ケアの革新にあるのは、ケア関係の維持である」とし、「実践としてのケアや道徳的価値としてのケアによって編みだされると同時に、その活動やひとの潜在能力を引き出したりする、関係性そのものに対する配慮や気遣い」なのだと言う[12]。相互に依存することを基軸とし、紛争・対立・葛藤を内包しつつ、関係性のより良い転換のためには、自立をめぐる近現代政治のあり方を抜本的に見直す必要があろう。

「人間の安全保障」論については、批判的国際関係論研究者、土佐弘之も、その包括性や複数の有力国家による外交政策における国際性こそが、問題を生むとする。すなわち、人間の安全保障概念の「中身を一部すり替えることで、再び国家安全保障政策に従属させようとする動き」があったり、人間の安全保障を国家主導で「推進するというのは旧来の図式を依然として越えていないこと、またアメリカの軍事的覇権に対する異議申し立ての契機をもっていないこと」を指摘する[13]。また土佐は、人間の安全保障の議論は、「上ないし中心からの」議論を克服していないと論じる[14]。

それゆえに、自立・主権的主体・主権的国家に基づく安全保障概念とは、やはり透明性・開示性・応答責任性とは明瞭に一線を画す。周縁を管理しようとする中心の力が働くのである。そして、相互扶助・ケアに基づく平和概念とは、やはり反秘密主義的である。当事者に寄り添い配慮しつつ、より非暴力的な関係性の発展に力が働くのであろう。

3 安全保障の批判的考察[15]

ガルトゥングは、「安全保障アプローチ（security approach）」を「平和アプローチ（peace approach）」に対比して議論する。「安全保障アプローチ」が国際政治の場において支配的な言説であるに対し、「平和アプローチ」をもう一つの言説とし、両者の特徴的な構成要素を次のように対比し分析する（表1）。

すなわち、ガルトゥングによれば、安全保障アプローチは、打倒または抑止を通じて悪を弱体化させ、善に改心させようとする。それは、段違いの力を前提とし、不平等を許容する。それに対して、平和アプローチは、すべての当事者に受容可能かつ持続可能な結果を追求する。それは、平等の理念に立脚する。

また、安全保障アプローチとは、「傷の悪化に包帯で応急処置

表1　安全保障アプローチと平和アプローチ[16]

	安全保障アプローチ	平和アプローチ
紛争の条件	1. 高い能力と邪悪な意図をもつ「悪者」(悪意のある当事者)	1. 未解決または未転換の「紛争」
暴力の危険性の性質	2. 現実的であれ潜在的であれ、「明確で目前に迫る暴力の危険性」	2. "紛争に決着をつける"際に生じる「暴力の危険性」
紛争解決の手段	3. 悪を打倒または抑止する「力」	3. 共感・想像力・非暴力に基づく「紛争転換」
理念の主軸	4. 上記3がもたらす、"平和"への最善のアプローチであるところの「安全保障」	4. 上記3がもたらす、"安全保障"への最善のアプローチであるところの「平和」

を施すようなもので、熱や他の症状を再発させる」危険性があるとし、「根元に行きつかない問題解決は、暴力と対抗暴力のスパイラルを招く」としている[17]。対して、平和アプローチとは、共感・非暴力・創造性に基づく紛争転換を目指し、不正な貪欲に動機付けられた紛争当事者ですら保持している、正当な欲求・目的を探り出し、それらの両側面を架橋することで、すべての当事者に受容可能かつ実行可能な新たな目的を見出すこととしている。

加えて、安全保障アプローチは、国連・国際社会ないしは国家にとって、ある一定の紛争（特に武力紛争）の当事者の中に存在する悪意が、明確で目前に迫る暴力を課すとき、その悪意を防止・抑制・打倒することが必要であるとする。それは、紛争当事者と国際社会の間には不平等な関係性があり、国際社会は、悪意のある当事者の正当性を尊重しないという垂直的な社会規範に支配されているからである。すなわち、悪を善が制圧するという二元論的アプローチが前提となっている。対して、平和アプローチは、紛争に関与するすべての当事者にある正当性の尊重を基本姿勢とし、未解決・未転換の紛争を共感・創造性・非暴力に基づき転換する。また、「紛争に決着を付ける」という発想は暴力を招くと考え、当事者が対等で水平的な関係性の中で、受容可能、そ

して持続可能で相互に機能する多様性を重視する。すなわち、平和アプローチは、非暴力的抵抗、紛争の平和的転換、そして対話による連帯を追求するアプローチである。

最後に、安全保障アプローチは、現実の国際関係において実際に行われており、その言説は主流のそれとして世界の人々の頭脳に日々写し出されている。そして、平和アプローチは、安全保障アプローチの全面的な批判の上にまったく新しい視点から展開されるほかないであろう。

第3節　平和の意味を問う

前節では、平和学的視点から見た安全保障アプローチの問題点が明らかになった。また、それに替わる平和アプローチのあり方が対比され、明示された。本節では、安全保障に依らず、それに替わる平和の意味を具体的に問い、国家・国際社会・市民社会・NGOといった多様な主体が創り出す国際共生のあり方を考察し、その実現に向けて如何なる方法が可能であるのかを提案する。

ガルトゥングによれば、**表2**に表わされるように、平和＝消極的平和＋積極的平和、消極的平和＝直接的暴力／構造的暴力／文化的暴力の不在、積極的平和＝直接的平和／構造的平和／文化的平和の存在・構築、である。平和については、まずは暴力の否定という側面からとらえられる。暴力概念に倣い、平和概念は、直接的平和・構造的平和・文化的平和という三種類の定義が対応する。消極的平和とは、上記の三種類の暴力が不在であるという意味において、消極的に定義された平和概念である。直接的平和は、消極的平和の観点から見ると、直接的暴力の不在となる。同様に、構造的平和は構造的暴力の不在であり、文化的平和は文化的暴力の不在となる。それに対して、積極的平和は、暴力の不在というだけではなく、その上に新たな暴力化を阻止する何か積極的なも

表2　直接的・構造的・文化的暴力／平和及び消極的・積極的平和[18]

暴力	直接的暴力(DV)	構造的暴力(SV)	文化的暴力(CV)
平和	直接的平和(DP)	構造的平和(SP)	文化的平和(CP)
消極的平和(NP)	DVの不在 (休戦・砂漠・墓場)	SVの不在 (搾取の不在・構造の不在)	CVの不在 (正当化の不在・文化の不在)
積極的平和(PP)	DPの存在・構築 (協力)	SPの存在・構築 (衡平・平等)	CPの存在・構築 (平和の文化・対話)
平和	NP+PP	NP+PP	NP+PP

のが生成された状態やその過程を指す。消極的平和と積極的平和の両方が統合されて初めて、平和の全体像が現れる。

　個々の人間に対する影響という視点から見ると、ある人に対してある影響力が行使された結果、その人が実際に肉体的・精神的に実現し得たものが、その人のもつ潜在的実現可能性を下回った場合、暴力が生じた状態であるということになる[19]。すなわち、暴力とは、人間の潜在的発達能力を阻害するものであるが、それは、人間の行動様式の変更によって除去することができるものである[20]。消極的平和の指し示すものは、人の潜在的可能性が開花しないままとどまっている状態であり、積極的平和とは、それが十分に開花することを指す[21]。すなわち、消極的平和と積極的平和とは、コインの表裏の関係であることが分かる。これらの平和概念（直接的・構造的・文化的平和と消極的・積極的平和）を組み合わせ、上掲の表2に照らすと、平和概念全体の意味をとらえることができる[22]。

　日本平和学会編『平和研究』第43号では、特集号「『安全保障』を問い直す」を組んでいる。そこで、編集担当者は巻頭言で次のように述べている。1969年ガルトゥングの論文（1991年訳出出版）に依拠し、「平和学は、『戦争の不在』という消極的平和の

実現はもちろん、積極的平和の実現も目標とする」[23] としている。そこには、平和学において安全保障論を研究することが重要であるとし、ガルトゥングのその後の平和・暴力・紛争をめぐる議論―特に「文化的暴力」や「紛争を平和的手段によって扱う能力としての平和」など―に触れることなく、課題が残される[24]。安全保障論が不要・無意味であるというのではない。しかし、そもそも安全保障概念の依拠するものと、平和概念のそれとは、別次元のものであるとすれば、平和概念・平和アプローチを詳細に検討する必要があろう。

平和学研究者の藤田明史によれば、上記の表2は下記の**図1**と同義であるという[25]。それでは図1において、ガルトゥングの言う「平和アプローチ」とは何か。2012年時点におけるガルトゥングによる「平和」概念によれば、積極的平和とは、直接的平

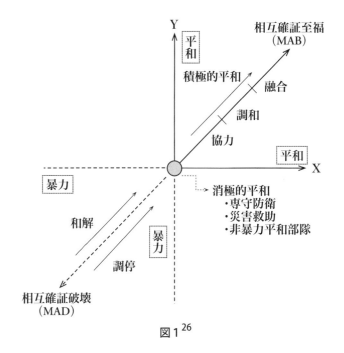

図1[26]

和・構造的平和・文化的平和の「構築」である[27]。実は、従来は、積極的平和とは、直接的平和・構造的平和・文化的平和の「存在」であると定義されてきたが[28]、これを「構築」と発展的に置き換えることで、より動態的な平和の概念が明示される。すなわち、直接的平和の構築とは協力を、構造的平和の構築は公平・衡平を、文化的平和の構築は対話・調和の動態的なあり方を指すことがより明示化されたのである（表2）。

　図1におけるXやYは、それぞれ国家または地域を指す。積極的平和とは「良いこと」[29]の構築であり、第一段階の協力から、調和、そして第三段階の融合へと続く。暴力状態から脱却するには、同様に、調停と和解の作業を通して、少なくとも消極的平和（暴力の不在）に到達するまで努力することになる。これらの一連の不断の努力の方向性（ベクトル）が表現している動態的過程とは、まさに、平和アプローチであると解することができる（図2）。

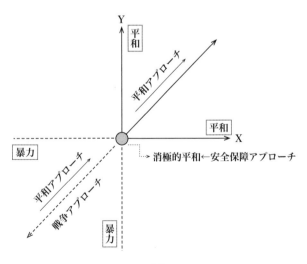

図2[30]

図2において、戦争アプローチはこの逆を指す方向性（点線）で表されるのではないか。また、安全保障アプローチは如何に表現できるだろうか。不信・不安を前提とした消極的平和の確保であるとすれば、それは、消極的平和の点を保持しようとするあり方であって、決して動態的過程としては表現されないであろう。とすれば、実は、戦争アプローチとは、安全保障アプローチの基に派生するものであって、上記のガルトゥングによる解釈と合致すると言えよう。

第4節　「平和アプローチ」へ移行する方途

　国家による伝統的安全保障は、人間の安全保障・人間による安全保障といった新しい形に発展拡張したとしても、基本的な方向性は変わらないとした。では、社会・世界が抜本的に変革するために、徐々に安全保障アプローチから平和アプローチに移行する必要があるとすれば、それは、具体的にどのような方法を用いるのか。また、その主体となる人々は誰か。国際共生とは、国家・国際社会・市民社会・NGOのそれぞれが主体となって創造される。紛争解決の主体としての国家・国際社会の重要性は言うまでもなく、特に、市民社会の主体であるわれわれは、相互扶助により思考・行動するアクターとしての市民社会・NGOを形成するための模索を続けることになろう。そして、それは、生活の営みに根差した、人間による、人間に寄り添う、方法であるべきで、紛争解決から紛争転換の領域にまで可能性を広げるであろう[31]。ここでは、例として、ファシリテーション・メディエーションといった平和的手段を通じた実践を検討する。これらの手法は、信頼醸成、相互扶助、連帯を育むことを可能とする。

1 平和アプローチの紛争解決・転換的発想

われわれ自身を安全保障アプローチの言説から解放し、平和アプローチというまったく新しい方法へと導くことは、如何にして可能か。一つの理論的準拠枠として、ガルトゥングの平和理論を採用するとき、平和概念を戦争概念と対峙させ、もっぱら直接的暴力に焦点をあてることによって国際政治の諸問題を解決しようとする安全保障アプローチとは異なり、構造的・文化的暴力概念の導入によって暴力概念を拡張し、さらに積極的平和概念によって動態的平和構築の要素を注視するとき、より広い枠組みの中において紛争転換の理論を展開することが可能になる。そうすることで、国民国家システムに基づく国際関係のみならず、人間社会の多種多様な関係性を扱うことが可能となり、問題の表面的「解決（resolution）」ではなく根本的な「転換（transformation）」が期待できるであろう。こうして、平和アプローチは、安全保障アプローチを批判し、具体的な代案を提示することで、それを相対化するのである。

トランセンド理論では**図3**のように、平和的手段による紛争転換によって、当事者の満足度の高い解決策の提供を目指す[32]。この図における「超越（トランセンド、transcend）」点とは、「ウィン・ウィン」を意味するのではなく、平和（コンフリクト）ワー

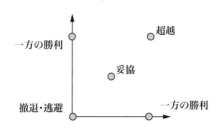

図3　トランセンド法による紛争転換の5つの基本的な結果[33]

カーと呼ばれる調停者による介入によって、根源的な紛争がとらえられ、当事者の目標や必要を探ることで、状況に応じた平和的要素を加味しながら、解決を探り当てる結果を指す。

安全保障アプローチをこの図で示すとすれば、**図4**のような範囲の解決策に終始する可能性が大きい。当事者A・Bのどちらが勝利するか、あるいは、どのように状況に妥協するかが主として問題になるのであり、ここでの妥協は勝敗の精神における折衷点にすぎない。

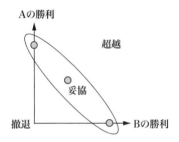

図4　安全保障アプローチにとっての要点[34]

対して、平和アプローチをこの図で示すとすれば、**図5**のような範囲を模索し、発展的に超越地点を目指すことになる。超越点まで到達しない場合は、ネガティブな超越点、つまり、撤退を選

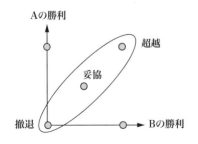

図5　平和アプローチにとっての要点[35]

択することも視野に入れ、また、状況によっては、超越を目指すプロセスにおける妥協をも肯定的に受容することになる。

しかし、図5では、平和アプローチが十分に表現できていないだろう。安全保障アプローチを相対化し、超越するという意味において、超越地点は、平面上で表記できないと考える。より正確に描写するとすれば、次のように表される必要がある。

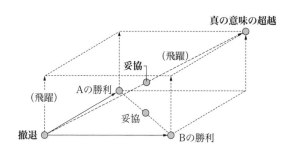

図6　平和アプローチにおける超越の意味[36]

平和アプローチが、真に求めている地点とは、一段高い段階における結果である。トランセンドの意味は、**図6**の右上の「●」に示唆された位置においてこそ表現できる。また、二次元で捉えられる「妥協」点——すなわち、図4におけるそれ——と、図6において一段高い次元でとらえられる「妥協」とは本質的に異なることが明示されるであろう。平和アプローチ言説は、安全保障アプローチに二元的に対抗するものではなく、安全保障アプローチを批判的に相対化し乗り越えようとするものであることを、上図6によって確認しておく。

2　介入 (intervention) による紛争解決・転換の可能性

安全保障に基づく世界から、平和に基づく世界へ移行しようとする過程では、大々的な転換が求められるであろう。そのための

一つのアプローチを、ファシリテーションやメディエーションといった非暴力介入の機能に見出すことができる。平和とは、紛争を共感・非暴力・創造性によって転換する能力である[37]。ファシリテーションやメディエーションは、そういった動態的・ダイナミックな紛争解決・転換プロセスを可能にする。

　他者のこじれた人間関係に、職場や学校での揉め事に、国家間の紛争に、非暴力的手段によって介入する。摩擦を起こした当事者の間には、誤解が生まれているだろう。状況が悪化し、時間が経過すれば、当事者によって問題を解決することが困難になる。何らかの外部からの手助けが必要な場合、そこに非暴力的に介入し、ある一定のスキルを用いて、問題の所在を解明し、解決、さらに転換する方向性を見出すことは重要である。

　介入による紛争解決・転換とは、個人の関係、市民社会及び国際外交における、交渉・対話の窓口の確保でもある。本章では、その機能を、ファシリテーションやメディエーションといった分野に見出そうとするものである。「ファシリテート（facilitate）」とはラテン語の"facilis"、すなわち「容易にすること」を指す。

　複数のファシリテーターの実践から、「ファシリテーター」の役割を理解したい。ロン・クレイビルとエヴリン・ライトによれば、それはグループ・ワークを容易で効果的にし、グループ参加者による話し合いの内容には中立を保持しつつ、プロセスにおける引導役を担う。そのための技術とは、たとえば、参加者が相互に明確に聞きあうことを助ける、参加者の多様で多くの声のバランスを取る、多様な発想に満ちた話し合いを可能にする道筋を見つけそこに留まることができるよう助ける、強い感情を含む声の抑揚に気付き対応する、グループが共に活動する能力があるとの自信を徐々に構築する、などである。これらのファシリテーターの基本的な道具は、グループの経験と成功を支える[38]。

　また、リサ・シャークとディヴィド・カンプトによれば、ファ

シリテーションの鍵となる技術と内容とは、たとえば、対話の目的を確立し促進する、能動的に話を聴く、参加者に期待する態度を自身が示す、などである[39]。加えて、より高度な技術と仕事内容とは、たとえば、ファシリテーターは、そのリーダーシップにおいて自信を鼓舞する、同時に多様な作業をうまく行う、柔軟で不必要に操作的にならない、多くの視点から状況を見る、冷静さを常に保持ししっかりと関与する、刺激的な質問を投げかける、人々とつながる、などである[40]。

中野民夫は、ファシリテーションのスキル・技を支える部分を「こころ」と呼び、それは、メタスキル・事前の準備・志の三要素を指すと言う。「メタスキル」とは、自身の感情の扱い方をも含み、スキルを用いるその人の基本的な姿勢や態度のことである。言語から受け取るメッセージ以外に、表情や姿勢、声の抑揚やしゃべり方、仕草や態度により、ファシリテーターは、「何を言うか・やるか」と同様に、「どう在るか」が問われている。また、ファシリテーターは自身の中で起こっている感覚・感情に敏感になり、客観的に認識することが大事である。さらに、状況に応じ、違うアプローチを使い分け、状況の表面的な現象にとらわれすぎず、「その奥にうごめいているもの」を周囲深く察知しながら対応する[41]。

ファシリテーションのあり方はこれにとどまらない。中野は、極力自然の流れ——生命を育み、生を全うさせようという万物を貫く働き——に沿った「自然流ファシリテーション」を通して、生命がいきいきと働くよう促す。いまここで起ころうとしていることに注意を払い、「その奥から流れ出そうとしている『何か』に沿っていく」と言う。それは効率の追求ではなく、「より深い問いを問い続けることで、もっと遠くに」行き、より豊かな究極の「不在のファシリテーション」——ファシリテーターに依存しないで参加者がそれぞれに育っていく機会を提供する——につな

がる[42]。グループのプロセスを信頼し、参加者が安心できる時空間を提供し、相互作用が起こるよう促進する。徐々に場が暖まり、参加者どうしが対立や混乱を通して創造のプロセスを生きようとするとき、「安易に介入してすぐに打開しようとせず、創造的な混沌としてとらえ」、「そこからおのずと生まれ出ようとするもの、自ずからあふれ出ようとするものが、少しずつ生まれてくるのを、助産師のように助けること」により、より深い関係性やいのちの力を育むファシリテーションを目指す[43]。ここにきて、信頼醸成、相互扶助、連帯を育む介入手法の深化が発揮されていると言えよう。

　一方で、シャークは、紛争の中にいる人々が、異なる視点や経験を共有し、隠されたニーズを見つけ出し、それを明示するための創造的な方法が閃き、そして最終的に賛同することができるように手助けするのがメディエーターであると言う。メディエーションとは、ウィン・ウィンで持続可能な解決方法におけるニーズを相互に満たすように努力すると言う。また、メディエーションとは、信頼される人によって導かれる交渉のプロセスであるとする[44]。ここでの「信頼」は第一義的には介入者であるメディエーターに対する紛争当事者のそれであるが、徐々に他方の当事者に対する不信が少しでも軽減され、信頼度が高まっていく関係構築を目指したいものである。また、勝敗を基軸とする発想から抜け出さないウィン・ウィンにとどまらず、さらに紛争転換的発想による関係性の修復や新しい建設的関係を構築したいものである。

　日本におけるメディエーションの現状を、近年日本の裁判所で実践されてきた民事・家事調停における「調停」と、欧米で実践されてきた「メディエーション」とを、安藤信明と田中圭子は理念や方法において区別し、欧米で研究・実践されてきたメディエーションについて詳しく紹介している。近年、日本で導入され

てきたメディエーションは、主に、ファシリテーティブ・モデル（対話促進―紛争解決モデル）であったとし、ここ数年導入され始めているトランスフォーマティブ・モデル（認知変容―自己決定モデル）についても解説する[45]。メディエーションとは、「対立する当事者が、第三者であるメディエーターが関わることによって、対話により、問題となっている感情や事柄を当事者自身がお互いに理解しようとする場で、人間関係の修復やそこで起こっている問題の解決を試みる方法」であるとし、「合意という結果よりも、そこに至る当事者本人の葛藤の克服や対立する当事者と対話をする勇気、そして自分で決める力を回復すること」が重要であるとする[46]。

　ディヴィド・W・アウグスバーガーによれば、メディエーションとは、心理的な障害物を大いに減らそうとする。その障害とは、いがみ合っている当事者が、建設的な交渉のために協力し合うのを妨げるものである。回路が開いているとき、関係者には、代替案を探し交渉するための議論を通じた合意に向かって進んで行く責任がある[47]。また、メディエーターとは、裁判官、アドバイザー、弁護人の役割を果たすものではない。コンフリクトそれ自身の外側に居る存在であるべきで、交渉しない。主役の心理的な障害を取り除き、主役が意味ある次元において交渉できるよう工夫するのである。メディエーターは、共感、能動的傾聴、当事者の必要に対する感受性、時間の感覚、言語・非言語のコミュニケーション技術、接触における中立性の保持の能力、交渉や紛争解決の各段階についての理解力等の、自らの基本的な技術を革新的に磨き続けねばならない[48]。介入者は中立性を維持し、何らかの特定の結果を導き出すのではなく、介入者と当事者／参加者間の、また当事者どうしの信頼を構築しつつ、すべての人々の痛み・苦しみの除去に集中する。不信と疑義を横に置き、率直・開放性、当事者と友人となり、介入者個人の怒りと要求の感情を留

保することを重視する。また、交渉に向かうため、平等に当事者全員をファシリテートできるように、それを妨げる価値を横へ置く[49]。これら一連のメディエーションのあり方から、信頼醸成、相互扶助、連帯を育む介入手法の質的向上が期待されよう。

第5節　介入によって達成されるもの

　ファシリテーションとメディエーションは、非暴力介入の実践である。それは、何らかの助けが必要とされている関係性に対して働きかけるためのものである。ファシリテーター・メディエーターの役割に求められる立ち位置は、繊細・無防備でありながら、極めて重要である。それは、不安定ではあるが、決定的で、必要な人間の務めである。

　最後に、自らの手法を「メタファシリテーション」と名付け、主に農村・村落に生きる人々の現場において貴重な実践・理論化を行っている和田信明と中田豊一を通じて、介入の意味を深化させたい。その手法は、自身を相手の立場に置き換えながら行う二重構造をもった対話の形を取る。「『私は私の質問の意味が本当に分かっているのか』と自分自身に問いかけながら対話していくことで、同じ問いを結果として相手に突きつけていく。」[50] また、「現実には、他人の頭の中は、決して見えない。他人の行為の動機は外からは絶対に見えない。他方、当人の自己分析は必ず歪んでいる。直接尋ねるのは愚の骨頂。結局、相手の立場に自分をおいて、自分だったらどう考えるかを虚心に尋ねるしかない」とし、「その台詞の組み立て方には、事実質問を軸とした一問一答のやり取りあけで構成されなくてはならない」と言う[51]。

　ファシリテーターの役割とは、「暗黙知であるものを形式知に転換し、それを現在のコンテクストに落とし込」み、さらに暗黙知に落とし込んでいくのだと言う。それは、村落・農村におけ

る介入・介在の仕事における役割であり、「村人の暗黙知を言語化するうえでの支援をするのが、外部から来たコミュニティー・ファシリテーターの決定的役割」であると言う[52]。そこから学ぶこととは、丁寧に寄り添いながら言語化する作業を共に行う介入のあり方である。この和田らの現場型対話式ファシリテーションとは、以下の4点の特徴をもつ[53]。1. 事実質問の力を信じる。2. 対話型ファシリテーションの構造は、グループとの関係においても、一対一の対話が基本である。3. 提案しない。4. 信じて待つ。こうして、和田らは、村人の生活・仕事・人間関係に介入し、固定観念あるいは固定的な思考の「枠から出て、問題の真の姿を直視することにより、行動変化へと至る意識の変革を当事者にもたらす」ことこそが、彼らの仕事の最大の目的であるという[54]。

当事者の生活・仕事の現場において、上位からではなく共に、側面から寄り添いつつ、発展的変革を支援する介入のあり方から、信頼醸成、相互扶助、連帯を育む非暴力的手法の今後の革新的可能性が見て取れるであろう。

第6節 むすび

現在の世界においては、金融・流通・環境・人権・「テロリズム」等々の領域における各イシューに対して、国民国家システムや抑止力システムを批判的に検討し、信頼醸成・相互依存のシステムを構築・定着させることが性急に求められている。紛争が武力紛争に発展し、意図しない犠牲を含め多くの暴力が蔓延することもまた現実である。明日から一気に安全保障アプローチから脱却することは、単なる妄想にすぎないだろうが、徐々に時間をかけて——しかし犠牲は続くのであるから、悠長にはできない——平和アプローチに転換していく絶え間ない努力が必要である。

このような混沌とした現代の世界においては、多様な手法によって平和的変革を実践し、「上からの」国際共生を実現していくことが可能であるし、重要だ。国家・国際レベルにおいては、政治家や外交官、国際機関職員等が、それぞれの現場において仕事をする。そこでは、人々・環境の多様性を配慮し、安全保障を担保しつつ、マクロ・レベルでの作業が必要となるであろう。20世紀後半、ペルーとエクアドルの国境線をめぐる紛争は、時として武力紛争となって激化した。しかし、現実に、安全保障アプローチに依拠せず、平和アプローチに転換したとき、そのコンフリクトは転換したのである[55]。

市民社会・草の根レベルにおいては、市民一人ひとりが、それぞれの現場において仕事をする。そこでは、豊かな多様性に詳細に目を配りながら、不信のメカニズムから脱却し、信頼を醸成する、ミクロ・レベルでの作業が必要となるであろう。そこで、ファシリテーションやメディエーションの態度・能力の養成が急がれる。実際に、東北アジア地域平和構築インスティテュート（NARPI）においては、平和ワーカーの養成のため、毎年トレーニングを実施している[56]。また、東北アジアの紛争当事者どうしの対話の場を創出する武力紛争予防のためのグローバルパートナーシップ（GPPAC）東北アジアは、市民社会版の六者協議を実施し、相互に支え合いながら東北アジアの歴史的コンフリクトに立ち向かう具体例であろう[57]。このようにして、「下からの」国際共生をも実現していく。

聞こえない声、聞かれない声、聴こうとされない声を、聴かれるようにするためには、誰が如何なる仕事をすればよいのか。ファシリテーター・メディエーターといった平和ワーカーが介入し、丁寧に聴き取りを行い、動態的な過程の中で紛争転換を支援することは、一つの方法であろう。マクロ・レベルにおいて、また、ミクロ・レベルにおいても、ファシリテーター・メディエー

ターは、当事者の話に注意深く耳を傾けるのである。こうして、信頼と相互扶助に基づく平和・国際共生は徐々に育まれていくことになる。

注

1 2013年4月12日、研究会「『国際共生』とは何か：東北アジアの平和構築を例に」、主催：大阪女学院大学国際共生研究所、協力：日本平和学会関西地区研究会、トランセンド研究会、会場：大阪女学院大学会議室Ⅰ。

2 Kyoko Okumoto, in Emma Leslie "Letting the Other In: Conflict Prevention in Myanmar", *Building Peace*, September 2013. p. 6.

3 ディートリヒ・ボンヘッファー『告白教会と世界教会　新教セミナーブック38』森野善右衛門訳、新教出版社、2011年、138-139頁。これは、1934年、デンマークにおけるファネー協議会—世界教会会議の準備のために開催された会議—での平和講演におけるものである。

4 岡野八代『フェミニズムの政治学：ケアの倫理をグローバル社会へ』みすず書房、2012年、286-287頁。

5 2015年4月20日に、勅使川原香世子とFacebook上で行った対話から。

6 岡野『フェミニズムの政治学』17-45頁。

7 同上、293頁。

8 同上、270頁。

9 同上、276頁。

10 同上、286-287頁。

11 同上、153頁。

12 同上、154-155頁。

13 土佐弘之『安全保障という逆説』青土社、2003年、112頁。

14 同上、127頁。

15 安全保障アプローチと平和アプローチについての分析は、拙著『平和ワークにおける芸術アプローチの可能性：ガルトゥングによる朗読劇 *Ho'o Pono Pono: Pax Pacifica* からの考察』法律文化社、2012年3月31日、第1章（pp. 17-51）を参照のこと。この分析は、ガルトゥングによるニューヨークの国連第一会議室での講演（2004年9月）によるものであり、ヨハン・ガルトゥング「安全保障アプローチと平和アプローチ」、『トランセンド研究：平和的手段による紛争の転換』村上綾訳、4.1 (2006): 71-74頁に収録されている。また、原文は、Johan Galtung, "The Security Approach and the Peace Approach,"『トランセンド研究：平和的手段による紛争の転換』3.1 (2005): 58-61頁に収録されている。

16 ここでの簡潔な表は、ガルトゥングによる論文を基に、筆者が作成した

第 3 章　安全保障アプローチから紛争転換を軸とした平和アプローチへの移行　73

ものである。前注を参照のこと。
17　ガルトゥング「安全保障アプローチと平和アプローチ」73 頁。
18　拙著『平和ワークにおける芸術アプローチの可能性』第 1 章第 2 節から。Johan Galtung, "Introduction: Peace by Peaceful Conflict Transformation—the Transcend Approach," *Handbook of Peace and Conflict Studies*. Eds. Charles P. Webel and Johan Galtung, Abington: Routledge, 2007, pp. 14-32 に掲載の Table 2. 3. Peace: negative and positive, direct, structural, cultural (p. 31) を、筆者が編集したものである。また、「構築」の文言については、Galtung, *A Theory of Peace: Building Direct Structural Cultural Peace*, N. p.: Transcend University Press and Kolofon Press, 2012, p.52 と、藤田明史・松元雅和「巻頭言『積極的平和』とは何か　戦後 70 年の時点に立って」『平和研究』第 45 号、『積極的平和』とは何か」特集、早稲田大学出版部、2015 年 11 月 30 日、i-xvii から ix 頁を、参照・加筆した。
19　Johan Galtung, "Violence, Peace, and Peace Research," *Journal of Peace Research* 6. 3 (1969): 109-134. から pp. 110-111 より。
20　Johan Galtung, *50 Years 25 Intellectual Landscapes Explored*, N. p.: Transcend University Press and Kolofon Press, 2008, p. 204.
21　1969 年に定義された「直接的暴力の不在」は、当初、「消極的平和」と定義されたが、後に、「構造的暴力や文化的暴力の不在」も「消極的平和」に含まれるようになる。また、「文化的暴力（cultural violence）」についても、その議論に組み込まれていく。それは、例えば、1987 年におけるスウェーデン・ストックホルムにおける Right Livelihood Award（もう一つのノーベル平和賞と呼ばれる賞）の受賞スピーチにおいて（Johan Galtung, "Acceptance Speech: Peace Studies: Inspiration, Objective, Achievement," *60 Speeches on War and Peace*, Oslo: International Peace Research Institute, Oslo (PRIO), 1990. pp. 250-253.)。また、1989 年に世界各地の大学や研究所での講演で、提起されている。論文として詳細に論じられるのは、1990 年の "Cultural Violence," *Journal of Peace Research*, 27. 3 (1990): 291-305 においてである。
22　議論の詳細は、拙著『平和ワークにおける芸術アプローチの可能性』第 1 章を参照のこと。
23　黒崎輝・佐藤史郎「巻頭言」『平和研究』日本平和学会編、第 43 号、「『安全保障』を問い直す」特集、早稲田大学出版部、2014 年、i-xv 頁（iv 頁）。
24　同上、i-xv 頁。
25　藤田明史「社会科学としての平和学を求めて：平和学における価値および客観性の問題」『大阪女学院短期大学紀要』第 44 号（2014 年）、2015 年 3 月 1 日発行、1-16 頁から 12 頁。
26　ヨハン・ガルトゥング「ミリタリーをどうするか—憲法 9 条と自衛隊の

非軍事化—」藤田明史編訳『立命館平和研究：立命館大学国際平和ミュージアム紀要』第 13 号（2012 年）1-10 頁。ガルトゥングによる「平和のイメージ」と図 1 から引用（3-4 頁）。

27 Galtung, *A Theory of Peace*, p.52. また、藤田・松元「巻頭言『積極的平和』とは何か」ix 頁を参照のこと。

28 拙著『平和ワークにおける芸術アプローチの可能性』25 頁。

29 同上、3 頁。

30 ここでの簡潔な図は、筆者が作成したものである。

31 たとえば、次を参照のこと。John Paul Lederach, T*he Little Book of Conflict Transformation*. Good Books, 2003. pp. 28-33.

32 拙著『平和ワークにおける芸術アプローチの可能性』第 3 章、152-153 頁を参照のこと。ただし、それを本章では、加筆・発展させている。

33 ヨハン・ガルトゥング『平和的手段による紛争の転換【超越法】』伊藤武彦編、奥本京子訳、東京、平和文化、2000 年、25 頁。

34 「帯」は、筆者による付加である。

35 「帯」は、筆者による付加である。

36 作成は筆者による。ただし、拙著『平和ワークにおける芸術アプローチの可能性』第 3 章、153 頁を本章において、さらに発展させた。

37 Johan Galtung, Carl G. Jacobsen, and Kai Frithjof Brand-Jacobsen, "Preface," *Searching for Peace: the Road to TRANSCEND*. London: Pluto Press, 2000. p.xiv.

38 Ron Kraybill and Evelyn Wright, *The Little Book of Cool Tools for Hot Topics: Group Tools to Facilitate Meetings When Things Are Hot*, Good Books, 2006. Chapter 2, pp. 7-13.

39 Lisa Schirch and David Campt, *The Little Book of Dialogue for Difficult Subjects: A Practical, Hand-on Guide*, Good Books, 2007. pp.58-60. このほか、「課題を管理し過程を導く、基本的な規則を組み立てる、グループのダイナミクスを監視する、すべての人々の視点から見た興味関心をやり取りする、異なる参加者どうしのやり取りを助ける、要約したり言い換えたりする、参加者の一部の意見等に偏らない、要約をもって閉じる」などが挙げられている。

40 同上、pp. 61-63.

41 中野民夫・森雅浩・鈴木まり子・冨岡武・大枝奈美『ファシリテーション：実践から学ぶスキルとこころ』2009 年、岩波書店、160-170 頁。加えて、「事前の準備」とは、プログラムデザイン、対象者の理解、そして場のデザインの三要素が重要である。「志」とは、ファシリテーター自身が操作的に誘導することは許されないが、参加者から起こることを最大限に尊重しながらも、一人の人間として、如何なる社会・未来を構築したいのかなどの思いを持つことは大切であるとする。

42 同上、170-179 頁。

43 同上、186 頁。
44 Lisa Schirch, *The Little Book of Strategic Peacebuilding*, Good Books, 2004. p. 50.
45 安藤信明・田中圭子『調停にかかわる人にも役立つメディエーション入門』和田仁孝監修、弘文堂、2015 年。この他に、メディエーションの方法論として、ナラティブ・モデル等がある。ナラティブ・メディエーションについては、例えば、G. モンク、J. ウィンズレイド著『話がこじれたときの会話術：ナラティブ・メディエーションのふだん使い』池田真依子訳、北大路書房、2014 年、原著 2013 年などを参照のこと。
46 同上、4-6 頁。安藤や田中の活動は、次の方法論の流れを汲む。Joseph P. Folger, Robert A. Baruch Bush, and Dorothy J. Delia Noce, eds. *Transformative Mediation: A Sourcebook, Resources for Conflict Intervention Practitioners and Programs*, The Association for Conflict Resolution & The Institute for the Study of Conflict Transformation, 2010.
47 David W. Augsburger, *Conflict Mediation Across Cultures: Pathways and Patterns*, Westminster John Knox Press, Louisville and London, 1992. p. 195-197. 第 7 章は "Mediation: The Necessity of a Go-between" と題されメディエーションに 1 章を費やしている。
48 同上、p. 197.
49 同上、p. 197. 対比して、警察や裁判制度は、人生に対する外からの侵害として、また、公的な場への疎遠にさせる略奪として、経験されることが一般的である。それは、判決を下すが調停するわけではない。結論を出すが結合しない。強要するが争議や論争者の痛みを解決したりはしない (p.193)。
50 和田信明・中田豊一『途上国の人々との話し方：国際協力メタファシリテーションの手法』みずのわ出版、2010 年、120 頁。
51 同上、121-122 頁。
52 同上、196 頁。
53 同上、285-292 頁。
54 同上、318 頁。
55 ヨハン・ガルトゥング『ガルトゥング紛争解決学入門：コンフリクト・ワークへの招待』トランセンド研究会訳、藤田明史・奥本京子監訳、法律文化社、2014 年、94-96 頁。
56 具体的なトレーニング内容や開催要項については、Northeast Asia Regional Peacebuilding Institute (NARPI), http://www.narpi.net を参照のこと。
57 プロジェクトの詳細な内容については、Global Partnership for the Prevention of Armed Conflict (GPPAC), http://peaceboat.org/projects/gppac を参照のこと。

第4章
国際共生と「共通の安全保障」

佐渡紀子

第1節　はじめに

　安全保障をめぐる議論では、論点と分析アプローチがともに多様化している。これらはいずれも、冷戦構造の崩壊に伴い、米ソ間核戦争に象徴される大規模な国家間戦争の可能性が相対的に低下することで、貧困や国際犯罪、環境破壊など、多様な脅威に人々の生活が脅かされることへ関心が高まったことに起因する。多様な脅威への関心の高まりと、人々の安全保障に対する関心の高まりは、国家中心の安全保障認識に対する問題提起へとつながった。安全保障の客体を人間へと転換することを求める「人間の安全保障」概念の登場は、そのような関心の高まりを受けた成果の一つである。

　人々に対する多様な脅威と人々の安全保障に対する関心の高まりは、安全保障研究に批判理論やジェンダーアプローチ、ポスト構成主義アプローチを導入する動きを生んだ。そして、安全保障研究で取り上げられる論点の増加、すなわち「拡大」と「深化」を生み出してきた。たとえば開発、環境、人権、ジェンダーの領域に脅威を見出し、安全保障を論ずる試みは、安全保障概念の「拡大」を意味するものであろう。また、守られるべき客体を個人や集団、社会へと展開していく試みは、「深化」を代表するものである。既存の安全保障研究を批判的にとらえるこのような研究は、「批判的安全保障」として一つの学問的潮流を生んだ[1]。

本書は広義の安全保障の問題を国際共生の観点から分析することをねらいとしている。より具体的には、広義の安全保障を分析するうえで、国際共生の概念がどのように意味をもつのか、広義の安全保障問題の今後の発展を、国際共生の観点から展望することが可能かを検証するものである。このような取り組みは、まさにこの安全保障研究の「深化」と「拡大」の流れの中に位置づけられよう。

それでは、安全保障研究において人間の安全保障に代表される広義の安全保障への関心が高まったことは、狭義の安全保障研究にとってどのような意味をもつのであろうか。狭義の安全保障は、国家を脅威の客体と位置づけ、軍事力を主たる脅威の源泉とする安全保障観である。このような問題意識から本章は、国際共生と同様に、「不可分性」や「共有性」を重視する価値観である共通の安全保障を取り上げ、今日における意義とは何かを明らかにすることで、狭義の安全保障と国際共生の接点を導き出すことを目指す。そのためにまず第2節で、国際共生と共通の安全保障の接点を、両概念の共通点・相違点から明らかにする。次に第3節および第4節で、国際環境の変化による共通の安全保障へのインパクトを論ずる。具体的には、第3節で戦略バランスに着目し、第4節では、主権国家の変容によるインパクトを中心に論じる。第5節では、以上の分析に基づき、共通の安全保障の意義を提示することとする。

なお国際共生は、多様な定義がなされる概念である[2]。本章では国際共生について、先行する研究プロジェクトの成果を踏まえ、「国際社会における行動主体の間において、お互いが積極的に努力し協力し、両者にとってともにプラスに働く状況を作り出すことであり、国際社会全体をより平和で公平なものにすることを目指すものであり、また個々の主体間だけでなく、国際社会全体の利益を促進するもの」と定義することとする[3]。

第2節　国際共生と共通の安全保障の接点

1　国際共生と共通の安全保障の共通点と相違点

　共通の安全保障はオロフ・パルメを委員長とする独立委員会の報告書によって 1982 年に提示された概念である[4]。ひとたび核戦争が勃発すればいずれの国も生き残ることはできない。このような現状認識のもとパルメ委員会は、核戦争を国々の「共通の脅威」ととらえ、生き残りのために国々は協力して安全保障を強化する必要があると主張し、ゼロサム的な安全保障観からの転換を求めた。すなわち、共通の安全保障とは、相互依存の進む世界にあって、他の国々を犠牲にして自国の安全保障を確保することはできないという安全保障認識である。その特徴は、対立から共存と協力へと、発想の転換を求めたことにある。この共通の安全保障の考え方は、共存と協力に価値を置く点で、国際共生の考え方と通底する。

　共通の安全保障が提示された背景には当時の深刻な安全保障環境があった。米ソを盟主とした東西の軍事ブロックが政治的にも軍事的に対峙する中、パルメ委員会は次のような環境を憂慮していた。まず、核兵器の水平拡散と垂直拡散が進行していることである。次に核兵器にとどまらず、通常兵器についても北大西洋条約機構（NATO）とワルシャワ条約機構（WTO）の間で軍拡競争が起きており、第三世界での軍拡も進んでいることである。しかも、核兵器についても、また通常兵器についても軍縮交渉は、進んでいなかった。

　冷戦対立の中、このような状況は、核戦争の発生を容易に予見させた。委員会は、①慣れによる危険の過小化が起きる、②限定核戦争が可能であるとの幻想が生まれる、③武力行使は、決断が断片的に行われることで容易にエスカレーションが起きうる、と

いう三つの要素を指摘して、核戦争が発生する蓋然性は高いとした。

このような危機的な安全保障認識を基盤として提案されたのが「共通の安全保障」であった。共通の安全保障は、政治的、イデオロギー的に異なる価値観を持つ国同士においても、ともに生き残ることを重要視している。

パルメ委員会は、核時代において、他国を犠牲にして自国の安全保障を確保することは不可能であり、戦争、特に核戦争の回避は世界共通の責任であると主張した。そして軍備拡張競争が、先進国においても途上国においても、戦争の危険性を高めると同時に、経済発展を妨げていると指摘した。そして軍事的優位で安全保障は達成できないとし、より低いレベルでの均衡の形成と維持を目指すべきだと主張した。

そこで委員会はより安全な国際社会に向け、量的、質的軍縮を提案した。具体的には、米ソ間での軍縮、質的軍備規制としての包括的核実験禁止条約（CTBT）や生物化学兵器規制および通常兵器移転制限に取り組むべきとした。あわせて、軍事費や軍事研究の透明性強化を通じた信頼醸成や、国連システムの強化、非核兵器地帯を含む地域的な取り組みの必要性を指摘した。加えてパルメ委員会の提案は、核戦争の脅威を踏まえてのものであったため、核戦争の蓋然性を低めるために、米ソ間軍縮や欧州での信頼醸成措置にも重点を置いた[5]。

共通の安全保障概念は安全保障の「不可分性」を共有し、「軍事的優位で安全保障は達成できない」という現状認識に立ち、「軍備を規制し、より低いレベルでの均衡化を通じて安全保障を強化」するというアプローチを提案している。換言するならば、国家を安全保障の客体ととらえ、軍事力を主たる脅威ととらえる狭義の安全保障の文脈にありつつも、そこでは国家間の「共生」のための協力を強調している。その点で、共通の安全保障はやは

り国際共生と共通の基盤をもっているといえる。

　なお、国際共生の概念は、協力や協調を重視するとともに、「公正」や「公平」の観点を重視する。共通の安全保障概念が、この「公正」や「公平」の実現を念頭に置いたものであったかどうかは、明確ではない。その点で、狭義の安全保障の分析において国際共生の考え方を取り入れることは、狭義の安全保障研究において安全保障強化のための手法を考えるにあたり、新たな示唆を得られる可能性を含んでいる。

2　共通の安全保障とその背景としての欧州安全保障対話

　たしかに安全保障は伝統的に、ゼロサム発想に支えられてきた。例えば、軍事力の拡大や同盟を形成することを通じて対立国を抑止するアプローチは、敵対国を自国に比べて劣勢に置くことで安全を確保するものである。そして、国家が相互に安全保障を強化しようと試みることで、安全保障のジレンマが生じる可能性があることも指摘されてきた。実際に欧州において、東西間の軍事対立は核軍拡競争と通常戦力の拡大を生んだ。

　東西間の軍事的対立は、偶発戦争の可能性を常にはらむものであった。共通の安全保障が提示されたのは、このような安全保障環境があったからである。しかし、共通の安全保障が提起されたのは、ゼロサム発想に支えられた安全保障とは異なる新しい安全保障観が、欧州においてすでに共有され始めていたことも、もう一つの重要な要因として指摘できる。

　東西間の軍事対立が激化する中、欧州では、1960年代から東西間の安全保障対話が模索された。ヘルシンキ・プロセスと総称される東西間の安全保障対話は、1975年に欧州安全保障協力会議（CSCE）の開催につながった（現在の欧州安全保障協力機構：OSCE）。この会議においてソ連、アメリカ、カナダを含む欧州諸国は、安全保障の不可分性を確認した。

CSCEにおいて欧州諸国が採用した安全保障認識は、協調的安全保障と呼ばれ、CSCEの最初の成果文書である1975年のヘルシンキ最終文書で確認することができる。ヘルシンキ最終文書でCSCE参加国は、欧州諸国の安全保障は不可分であると位置づけ、武力不行使原則や領土の一体性の保持の原則などの国家関係をつかさどる諸原則を再確認した。そして民主主義、人権、基本的自由、法の支配、市場経済、社会正義などを共通の価値とし、これらの分野で参加国間が協力を強化することに合意したのである[6]。すなわちCSCEの協調的安全保障とは、紛争予防を重要な目標として共有し、非軍事領域の取り組みを活用して、互いに安全保障を強化するというアプローチである。

協調的安全保障概念は、CSCEの取り組みを支える中心概念である[7]。協調的安全保障はヘルシンキ最終文書で言及されて以降、CSCE参加国によって繰り返しその重要性が言及されてきた。例えば、1990年のパリ首脳会議では冷戦の終結が宣言されるとともに、安全保障の不可分性が再確認され、信頼と安全の強化のために信頼醸成や軍縮、人権や経済といった非軍事領域での協力をさらに進めることが謳われた[8]。その後も、1992年のヘルシンキ文書[9]、1996年のリスボン宣言[10]、1999年のイスタンブール宣言などで、繰り返し安全保障の不可分性が強調されている。

「国家が相互に協力して安全保障を強化する」というアプローチのもとで導入された具体的な取り組みは、信頼醸成措置であった。信頼醸成措置は、軍事活動の事前通告とそれに対する検証からなる。これらの措置によって、軍事活動の透明性を高めることで、軍事活動の予測可能性を強化し、奇襲攻撃の可能性や軍事活動を政治的な圧力として用いる余地を低下させる効果を目指していた。CSCEの信頼醸成措置はその後、軍事活動の制限や兵力や装備に関する情報の公開を含むものへと発展した[11]。

信頼醸成措置は、軍事活動や軍事能力を公開するものであり、

軍事的優位による安全保障の強化という発想とは異なる。信頼醸成措置を導入したことは、欧州諸国が軍事的優位を通じた安全保障の確保というパラダイムの転換に挑戦したことを意味する。

信頼醸成措置を通じて形成された欧州における国家間の相互信頼は、1990年の欧州通常戦力条約（CFE条約）による大規模な通常兵器の削減につながった[12]。これはNATO諸国およびWTO諸国が通常兵器を削減しつつ、かつ、両軍事同盟間でその保有量を均衡させることに合意したものである。同条約によって軍事的優位を通じた安全保障の確保というパラダイムからの転換が、さらに進んだのである。

信頼醸成措置やCFE条約といった具体的な成果が生まれたように、協調的安全保障という安全保障観は、1970年代から1990年代にかけての欧州における安全保障対話の促進を支えるものとなった。そしてこの協調的安全保障は、本章で取り上げる共通の安全保障概念が提起され、それが肯定的に受け止められる素地を作ったと言える。

第3節　戦略バランスの変化と共通の安全保障

1　欧州における戦略バランスの変化

共通の安全保障がパルメ委員会によって提起された当時の国際環境から今日まで、安全保障に関わるさまざまな変化が起きている。最も大きな変化は言うまでもなく、ソ連およびWTOの解体にともなう冷戦構造の崩壊である。その後の国際社会は、「帝国化する米国」といった議論を生むまでに、米国の軍事的影響力と政治的な影響力が他の国々を圧倒する時期を経験する。

しかし、2000年代に入り、ロシアのパワーの回復と米国のパワーの相対的な低下が進んでいる。その結果、欧州においては、再び、米国および欧州とロシアの間での緊張が高まっている。

ロシアは、NATO の東方拡大に対して不満を高めていた。さらに、2007 年には米国がチェコとポーランドにミサイル防衛を配備することを明らかにしたこと、また欧州諸国が米国によるミサイル防衛の欧州配備に対して肯定的に評価するようになったことから、ロシアの態度は徐々に硬化していた[13]。

そして、グルジア紛争、クリミア紛争をめぐるロシアの関与と、それへの欧米諸国の反応は、ロシアと欧米間の関係をさらに対立的なものとした。これらの紛争でのロシアの介入は、米国および欧州諸国の反発を生み CFE 条約を冷戦後の欧州の状況に合わせて修正する目的で採択された CFE 適合条約（1999 年合意）の批准手続きを欧米諸国は停止した。これに対してロシアは、米国や欧州諸国による CFE 適合条約の未批准やミサイル防衛の欧州への配備計画を主たる理由として、2007 年に CFE 条約の履行を停止している[14]。さらに、このようなロシアの動きに対して米国は、対抗措置として CFE 条約に基づくロシアに対する情報提供を停止している。その後、ロシアは 2015 年 3 月に、CFE 条約からの離脱を宣言した[15]。

CFE 条約をめぐるこのような変化から、冷戦構造崩壊後に形成されたロシアと米国および欧州諸国の間の協調関係は、徐々に緊張状態へと回帰していることが見て取れる。言い換えるならば、軍事力の優位性に依らず、透明性を強化することを通じて安全を強化する協調的なアプローチが揺らぎ、軍事的優位性を通じた安全保障の確保という伝統的な安全保障観への揺り戻しの兆しがあることを示唆している。

2 東アジア、東南アジア地域における戦略バランスの変化

軍事的な緊張の高まりは、欧州地域にとどまらない。東アジアおよび東南アジア地域においては、中国の台頭と領有権問題に関する緊張の高まりが生じている。たとえば南シナ海から東シナ海

において、島しょ部や領海に関する対立が顕在化している。南シナ海では、フィリピンとベトナムは西沙諸島（パラセル群島）をめぐり対立し、南沙諸島（スプラトリー諸島）をめぐってはベトナム、フィリピン、マレーシア、インドネシア、中国が対立している。また、東シナ海においては、日本、韓国そして中国が竹島や尖閣諸島の領有をめぐって対立している。

東アジアにおける領有権をめぐる国家間の対立は、相互による領海・領空侵犯などの形で顕在化している。日常的な示威行為は武力行使へとエスカレートする可能性をはらんでおり、東アジア・東南アジア地域における軍事的な緊張は、高まる傾向があると言える。

また、東アジア・東南アジア地域においては、軍事費の拡大傾向も指摘することができる[16]。軍備の近代化の動きも、指摘することができる。たとえばストックホルム国際平和研究所（SIPRI）の統計によると、中国、ベトナム、インドネシア、カンボジア、タイが、いずれも2002年から2011年の間に1.7から2.7倍と、急激に軍事費を拡大している。これらの国々は、軍事予算の増加と比例して、通常兵器の輸入量も増加しており、装備の強化・近代化が進んでいる[17]。

さらに東アジア地域においては、北朝鮮による核開発とミサイル技術の改善が進んでいる。北朝鮮は2006年、2009年と核実験を行ったとされる。国際連合の安全保障理事会での制裁決議を経てなお、核開発は続けられており、その後も2013年、2016年に核実験が行われている。ミサイルの発射実験も繰り返されており、核弾頭の小型化が実現すれば、日本や韓国を射程内に収めるのみならず、米国までも核攻撃の射程に入る可能性が危惧されている。

CSCE／OSCEや欧州連合（EU）など、安全保障対話枠組みが複数、重層的に存在する欧州と比較して、東アジア地域では地域的な安全保障枠組みが未成熟であることが指摘されてきた。その

ような中で進む軍備の近代化や増強は、緊張緩和を困難にし、偶発的な出来事からのエスカレーションの危険性を高めている。

3　戦略バランスの変化と共通の安全保障の今日的な意義

　協調的安全保障や共通の安全保障はいずれも、他国を犠牲にして自国の安全保障を強化することはできないという、安全保障の不可分性を基盤にしている。そして安全保障強化のために、対立から共存と協力へと発想の転換を求めるものであった。冷戦期には安全保障強化につながる成果を生んだ共通の安全保障だが、今日、欧州地域では再び軍事的な緊張が高まっていることから、共通の安全保障アプローチには限界があると言わざるを得ない。

　しかしこれらの安全保障概念は、そもそも国家間の対立を前提としている。軍事面での緊張の高まりは、共通の安全保障が提示された時期にも生じた課題であった。脅威の高まりは望ましいものではないが、軍事的な緊張の高まりは、安全保障の「不可分性」を再確認する必要性があることに、説得力をもたらすものでもある。

　米国の相対的なパワー低下と中国の台頭、また、米ロ間の対立の激化や核拡散の進行といった変化によって、今日の国際社会の戦略的な安定性は揺らいでいる。そのため、軍事力による脅威から国家の安全保障を守るという狭義の安全保障が改めて重要性を帯びてきたと言える。戦略的安定性が確立しない中、高まる緊張をコントロールし武力行使を回避するためには、共通の安全保障が目指した安全保障の「不可分性」を緊張関係にある国々が確認することの意義は、今日においてもあると言える。

第4節　主権国家の変容と共通の安全保障

1 主権国家という擬制の揺らぎ

　欧州地域および東アジア・東南アジア地域において戦略バランスの変化が起こり、国家間の軍事的な緊張が高まっている。しかし、安全保障上の課題は国家間対立ばかりではない。1990年代以降関心の高まった内戦もまた、重要な安全保障上の課題である。

　もちろん1990年代に入って急激に内戦が発生したというわけではない。ウプサラ大学の紛争研究によれば、1945年以降発生した武力紛争のうち、内戦の占める割合は一貫して高い[18]。ただし、冷戦期の内戦と冷戦後の内戦には違いがある。たとえば、冷戦期における内戦は、ベトナム戦争やカンボジア内戦、さらにはアフガニスタン紛争に代表されるように、イデオロギーを基軸として米ソの介入が行われたことにより、内戦として始まりながら国際的な紛争、また代理戦争としての様相を示していた。

　これに対して1990年代の紛争は、ソマリア内戦や旧ユーゴスラビア紛争などに代表されるように、イデオロギー対立ではなく、個人のアイデンティティを基軸とした内戦であった。アイデンティティを基軸とした内戦は、市民が戦闘員となり、戦闘は長期化・深刻化した。これをカルドーは「新しい戦争」と呼んだ[19]。

　また内戦は再発率が高いことも明らかとなった。例えば内戦と開発について分析した世界銀行は、内戦が収束したのち約44%が5年以内に再発していると報告した[20]。長期化したり繰り返されたりする内戦は、国家の破綻へとつながる。破綻国家とは、治安の維持や法の制定や執行を通じた社会サービスの提供といった国家の基本的な機能が果たされない状況の国家を指す[21]。破綻国家とされるのは、たとえば、1980年代のチャド、ウガンダ、ガーナや、1990年代のソマリアやリベリア、アルジェリアなどである。またホルスティは、類似の概念として水平正当性（領域

に関する正当性）と垂直正当制（統治制度に関する正当性）のいずれも脆弱な、脆弱国家の存在を指摘した[22]。

破綻国家や脆弱国家が生じる原因は複合的だが、例えばブザンは時間をかけて国家形成を行った国々と異なり、国家建設の歴史が浅い国では、国家が目指す国家理念への支持が国民に共有されず、また、統治機能が未成熟なため、国民統合が不十分な「脆弱な国家」となってしまうと指摘している[23]。

国際社会は、国家は等しく主権をもち、平等であるという主権国家の平等性を前提としてきた。しかし破綻国家や脆弱国家の出現は、この主権国家の平等といういわば「擬制」が、現実的なものではないことを示した。破綻国家や脆弱国家において、人々の生存が脅かされており、国家は国家としての役割を果たしていないためである。破綻国家や脆弱国家への介入は人道的介入や平和構築といった新たな国家実践を生んだが、その過程で主権国家とは何かという点は国際政治学の中で重要な論点となった。

2 国家要件の主題化

主権国家の要件をめぐる議論は、破綻国家や脆弱国家にとどまらない。破綻状態ではない国家についても、冷戦後、民主主義や人権の尊重が十分であるかどうかが問われ始めている。

冷戦期間中の平和共存秩序は、人民自決原則、領土保全原則、内政不干渉原則を重視する、主権国家間の平等を前提としたものであった。そして、東西間の平和共存が重視される結果、国家間紛争を防止するために国内統治に伴う人々の抑圧は、不問に付された[24]。

しかし、1991年のソ連の崩壊を受け冷戦対立は終焉を迎え、東欧諸国の民主化が進んだ。この時期から、東西対話のフォーラムであるCSCE／OSCEの枠内においても、民主主義と人権が重要な価値としてしばしば強調されるようになる。そして民主主

義と人権保障の促進に向けて、具体的な支援と圧力が、CSCE／OSCE の枠組みを通じて特に中・東欧諸国やロシアに向けられた。たとえば、1992 年の民主制度・人権事務所（ODIHR）の設立や、同年の少数民族高等弁務官（HCNM）の設置などがその具体的な取り組みとして指摘できる。これらを通じて、OSCE 加盟国における民主化や人権保障の強化に向けた支援が行われている。

さらに、1990 年代には、民主化を果たした中・東欧諸国が次々に欧州評議会に加盟を果たしている[25]。欧州評議会は、基本的人権、民主主義、法の支配を重視し、これらに関する規範設定を推し進めることを目指して 1949 年に設立された国際機構である。そもそもは人権や民主主義に関する価値観の異なる東西対立の時代にあって、西欧諸国側の価値を体現する組織であったと言える。欧州評議会に加盟するためには欧州人権条約への参加と欧州人権裁判所への参加が必要である。そのような欧州評議会に、ロシアや中・東欧諸国が加盟したことは、西側の民主主義をかつての東側が受け入れることを意味した。言い換えるならば民主主義の形は、西側の民主主義が望ましい統治の形として受け止められたことを意味する。

その過程で欧州においては、民主主義と人権保障を重視する体制への転換を求める国際的な圧力が高まることとなった。そして欧州における民主主義や人権保障の価値の高まりは、グローバルな文脈でも民主主義と人権保障の価値を高めることとなる。たとえば、東欧における民主化革命と同様に、アラブの春と総称されるアラブ地域での一連の民主化革命は、肯定的なものとして受け止められた。

このように国家がどのような性質を備えるべきかについて、民主主義や人権といった価値が重要視される傾向が強まっている。

3　主権国家の変容と共通の安全保障

　失敗国家や破綻国家の登場によって、脆弱な国家に対する支援は、国際社会の重要課題の一つと位置づけられた。国際連合において、2005年に平和構築委員会の設置が合意されたことは、脆弱な国家への支援が国際公益であるとの理解が加盟国に共有された結果と言える。

　他国の国内の政治のあり方を問い、また、不安定化する国家の中で人々の安全が危険にさらされることを望ましくないこととする思考は、「あるべき世界」を問うものである。これは安全保障の文脈に、国際共生と同様に、公平や公正の価値観を取り入れていると言える。安全保障の文脈に公平や公正の観点を取り入れる試みは、狭義の安全保障の転換を求めたものと言うことができる。

　しかし共通の安全保障とは、共通の脅威認識が成熟することが不可欠である。国家の破綻や国内体制に基づく人々の抑圧が、共通の脅威として共有される方向にあるのかは自明ではない。

第5節　むすび

　本章は、共通の安全保障を取り上げ、今日における意義とは何かを明らかにすることで、狭義の安全保障と国際共生の接点を導き出すことを目指した。

　安全保障環境の変化の中、狭義の安全保障の重要性が再び高まっている。共通の安全保障概念は、冷戦期にパラダイム転換を可能にし、結果として欧州においては、安全保障の強化につながる具体的な枠組みが形成された。今日において共通の安全保障概念がもつ意味を考えるとき、その効果と限界を指摘することができる。

　安全保障の「不可分性」を確認することで安全保障を強化する共通の安全保障は、信頼醸成措置や軍縮条約の合意という成果を

上げたことから、欧州において一定の成果を上げたと言える。しかし、近年の欧州において再び軍事的な緊張が高まっていることは、共通の安全保障アプローチの限界を示している。共通の安全保障は「共通の脅威」の設定が不可欠である。冷戦期の共通の安全保障が偶発戦争から始まる核戦争を対立する国家間に共通する脅威と設定したように、今日の安全保障において、いかに共通の脅威を設定するかが重要になる。欧州においては共通の脅威の再定義が、関係諸国において取り組まれる必要がある。

安全保障の「不可分性」を共有することで安全保障を強化するという手法は、対立する国家群が変化しようとも、それらの国家間では機能し得よう。そして、その際には、欧州地域と同様に、共通の脅威の設定と共有のための努力が必要である。

なお、共通の安全保障は、国際共生と同様に、「不可分性」や「共有性」を重視する価値観である。しかし、国際共生と異なり、公正や公平という観点は含まれてきたとは言えない。破綻国家や失敗国家の存在や国内統治のあり方が、国際社会の課題ではなく、「共通の脅威」として共有されるのかについては、明らかとは言えない。

狭義の安全保障を検討するにあたり、国際共生の視点を取り入れることは、長期的な国家間の安定を形成するための手法を見出すための視点として機能する可能性を秘めている。国際共生は、さまざまなコミュニティにおいて、分断を克服することを目指す概念である[26]。狭義の安全保障の文脈においても、そのパワーの強弱にかかわらず共に安全保障を強化されることが望ましい。共通の安全保障は分断や対立を前提とした共存を模索するためのパラダイム転換であることを踏まえると、国際共生の視点は、さらに進んで、分断や対立を乗り超えながらの安全保障強化のあり方を検討するためのきっかけを私たちに提供してくれている。

注

1 批判的安全保障研究と位置づけられる研究は多数ある。代表的には次を参照。Ken Booth, *Theory of World Security*, Cambridge University Press, 2007.

2 佐々木寛「『国際共生』概念の意義—〈危機〉から〈共生〉へ」黒澤満（編）『国際共生とは何か—平和で公正な世界へ』東信堂、4-23 頁。

3 黒澤満「国際共生の意義と課題」黒澤満（編著）『国際共生とは何か—平和で公正な世界へ』東信堂、2014 年、i-x 頁。

4 The Independent Commission on Disarmament and Security Issues, *Common Security: A Program for Disarmament, The Report of the Independent Commission on Disarmament and Security Issues under the Chairmanship of Olof Palme*, 1982. 邦訳は次を参照。パルメ委員会（著）・森治樹（訳）『共通の安全保障』日本放送出版協会、1982 年。

5 委員会は、軍事への資源の集中投下が、途上国の成長を阻んでいることについても言及している。

6 CSCE, Helsinki Final Act, 1975.

7 CSCE, Charter of Paris for a New Europe (Paris Summit), 1990.

8 CSCE, Charter for European Security (Istanbul Summit), 1999.

9 CSCE, Helsinki Document 1992: the Challenge of Change (Helsinki Summit), 1992.

10 CSCE, Lisbon Declaration on a Common and Comprehensive Security Model for Europe for the Twenty-First Century and A Framework for Arms Control (Lisbon Summit), 1996.

11 信頼醸成措置の発展については、拙稿「OSCE における信頼安全醸成措置—メカニズムの発展と評価」『国際公共政策』第 2 巻第 1 号、1998 年、219-236 頁。

12 CFE 条約の採択過程や履行状況については次を参照。Jane M. O. Sharp, *Striving for Military Stability in Europe: Negotiation, Implementation and Adaption of the CFE Treaty*, Routledge, April 2006; Richard A. Falkenrath, *Shaping Europe's New Military Order: The Origins and Consequences of the CFE Treaty*, CSIA Studies in International Security, no. 6, MIT Press, 1995.

13 NATO のリガ・サミット（2002 年）において、ミサイル防衛の実用可能性について研究を行うことが合意され、2006 年には NATO 諸国はミサイル防衛の実用性を確認している。

14 CFE 条約のロシアによる履行停止の法的効果については、次を参照。Duncan B. Hollis, "Russia Suspends CFE Treaty Participation," ASIL Insight, vol.11, issue 19 (July 23, 2007). http://asil.org/insights/2007/07/insight070723html, accessed on July 27 2007.

15 CFE 条約を離脱すると宣言したのち、ロシアは CFE 締約国の協議体で

ある Joint Consultative Group への参加も停止している。
16　Stockholm International Peace Research Institute (SIPRI), *SIPRI Yearbook 2012*, Table 4.9., Oxford University Press, 2012, pp.195-201.
17　SIPRI, SIPRI Yearbook 2011, Oxford University Press, 2011, pp.298-301.
18　ウプサラ大学紛争データベース。またデータ分析については次も参照。Therese Pettersson, Peter Wallensteen, "Armed Conflicts, 1946-2014," *Journal of Peace Reseach*, Bol.52, No.4, 2015, pp.536-550.
19　Mary Kaldor, *New and Old Wars: Organized Violence in a Global Era*, Stanford University Press, 1999（山本武彦・渡部正樹訳『新戦争論──グローバル時代の組織的暴力』岩波書店、2003年）.
20　The World Bank, *Breaking the Conflict Trap: Civil War and Development*, World Bank/Oxford University Press, 2003, p.83.
21　I. William Zartman, *Collapsed States: the Disintegration and Restoration of Legitimate Authority*, Lynne Rienner, 1995; Robert I. Rotberg, *When States Fail: Causes and Consequences*, Princeton Univ Press, 2003.
22　Kalevi J. Holsti, *The State, War and the State of War*, Cambridge University Press, 1996, pp.82-98.
23　Barry Buzan, *People, State, and Fear: An Agenda for International Security Studies in Post-Cold War Era*, Wheatsheaf, 1991, pp.57-107.
24　吉川元『国際平和とはなにか』中央公論新社、2015年。
25　1990年代初頭は民主化を経た東欧諸国が次々に欧州評議会に加盟した。ハンガリー（1990年）、ポーランド（1991年）、ブルガリア（1992年）、エストニア、リトアニア、スロベニア、チェコ、スロバキア、ルーマニア（1993年）などである。なお、ロシアは1996年に加盟した。
26　佐々木寛、前掲論文、16-18頁。

第5章

国際共生の礎を築く「人間の安全保障」

福島安紀子

第1節　はじめに

　本書は「広義の安全保障問題」を「国際共生」の観点から分析することが命題として設定されている。そして、研究趣旨の中で国際共生とは「国際社会における行動主体の間において、お互いが積極的に努力し協力し、両者にとってともにプラスに働く状況を作り出すことであり、国際社会全体をより平和で公平なものにすることを目指すものである。また国際共生は、個々の主体間だけでなく、国際社会全体の利益を促進するという意味で地球的問題群にも関わってくる」と定義されている。本章は、この命題が国際社会全体の利益を目指しており、行動主体を国家にのみ限定していないことに着目し、主に外交政策や開発援助政策の脈絡においてこの20年余り採り上げられてきた「人間の安全保障」の概念が国際共生への礎を構築することに有用かを考察したい。

　人間の安全保障の概念が政策議論の中に登場した1990年代はまさに安全保障が伝統的な安全保障から拡大・多様化しているという認識が広まった時期であった。冷戦後の安全保障が模索される中で、総合安全保障や協調的安全保障、そして共通の安全保障等の概念がいずれも広義の安全保障を国際協調を通じて実現することをめざした中で、人間の安全保障はまずは開発援助の文脈において導入された。この20年あまり、人間の安全保障は「冷戦後の時代にまさに必要な概念だ」、「脅威の多様化という課題に応

える概念だ」という賛成論から「人間の安全保障という用語を用いているが開発援助のことに他ならないのではないか」、「安全保障という用語を用いることで予算を多く獲得しようという陰謀ではないか」、「人間の安全保障という用語を用いることの付加価値は何か」、「何もかもが安全保障上の脅威に含まれては学術的な分析ができない」などの反対論まで賛否両論を惹起した。人間の安全保障は、国際関係の理論の中ではその内容が不鮮明であるとした。最も批判を浴びた概念の一つでもあったが、なんとか論争を生き延びた。現在も国連をはじめ国際機関や地域機構、国際会議やいくつかの国の対外政策で用いられるに至っている。

そこで本章では人間の安全保障という概念が21世紀の課題に応えるに役立つのか、そして今後の国際共生の推進に役立つのかを検討したい。まず「何故人間の安全保障という概念が導入されたか」、「人間の安全保障という概念はどのように解釈されてきたのか」を概念をめぐる議論の系譜を通して分析する。その上で人間の安全保障という概念が、21世紀の安全保障上の課題に対処するのに役立つ概念になるためにはどのようなことが必要か、さらに国際共生のために人間の安全保障はどのような役割を果たしうるのかを考察したい。

第2節　広義の安全保障認識が生んだ「人間の安全保障」概念

人間の安全保障の概念が政策論議に導入された最大の要因としては、何といっても安全保障の対象となる脅威の変化、特に伝統的な軍事的脅威から拡大・多様化しているという認識の深まりであった。冷戦時代が終わりを告げようとした1980年代から安全保障に対する脅威は、国家に対する外敵による軍事的な侵略にとどまらないという認識が次第に共有されるようになった。そして

1990年代には冷戦終焉と超大国の一方であったソ連の崩壊を受けて、「平和の配当」が議論され、学術面では戦略研究はレレバンスを失うのかという懸念さえ首をもたげた。

しかし、冷戦後平和になるという希望もすぐに立ち消え、それまで東西の対立の影で抑えられていた国内の対立が内戦という形でアフリカやバルカン地域等世界各地で勃発し、戦略研究不要論はあっという間に姿を消した。そしてこの文脈の中でしきりに「新しい安全保障とは何か」が問われたのであった。研究においてはコペンハーゲン学派を中心に安全保障を軍事的なものに限定して議論することが現実にそぐわないとの論が展開された。バリー・ブザン（Barry Buzan）は、著書『人間、国家、恐怖』のなかで、「誰のための安全保障か」という問いに対して、人間、地域、国家と国際制度のためであるとし、安全保障の基本単位を国家のみに限定しない考え方を示した。そして、守るべき安全保障の対象となる脅威については「軍事的なものに限られず、政治的、社会的、経済的、環境的脅威も含まれる」と主張した[1]。さらにリチャード・ウルマン（Richard Ullman）は、これを進めて、アメリカは冷戦中安全保障を軍事的な視座に限って考えてきたが、これは「現実を見誤ったイメージ」であるとし、安全保障を再考することを促した[2]。このような流れから「誰のための」「誰による」「何を」「どのようにして守るのか」という安全保障の基本的な設問への新たな回答が模索されていった。

しかしながら、一方でこのような安全保障の脅威を侵略や戦争等の武力行使を伴う軍事的な安全保障領域をこえて広げることに対しては、反対論も根強かった。たとえば、スティーヴン・ウォルト（Stephen Walt）は安全保障をあくまで武力の威嚇に限定すべきであると主張し、新たな課題を安全保障の議論に導入することに反対した[3]。リアリストを中心に安全保障論や国際政治学の立場からは、伝統的な安全保障論を逸脱しては学問的な分析が不可

能になるとの意見が出された。

このような安全保障を幅広く考えることに対する反対論は強く残ったが、冷戦終焉の足音が聞こえ始めた 1980 年代から安全保障上の脅威の拡大や多様化の議論は次第に深まりを見せて行った。国連の独立委員会として設けられたグローバルガバナンス委員会における議論とその報告書「地球リーダーシップ（Our Global Neighborhood）」[4]において安全保障の脅威は戦争にとどまらず、脅威認識の転換が必要であると提言され、かつ、内戦は紛争当事者が国家ではなく、国家内の対立するグループである以上、それまでの国家安全保障を中心とする視座だけでは理解できない事態が登場すると指摘された。そして、同報告書には所得が下がると紛争のリスクが増えるとの分析がなされ、開発と安全保障を一体として取り組むべしとの提言も含まれた。

このような議論の流れを受けて国連開発計画（UNDP）はパキスタンの経済学者で元経財相であったマブール・ハク（Mahburul Haq）やインドの経済学者でのちにノーベル経済学賞を受賞したアマルティア・セン（Amartya Sen）が中心となり「人間開発（Human Development）」というキーワードを導入した。そして UNDP は 1990 年から毎年「人間開発報告書」を発表するようになり、平均寿命、識字率、国民一人当たり国内総生産を指標とする人間開発指数（Human Development Index: HDI）が導入され、どのようにこの指数を改善すべきかが論述された。そして 1993 年版「UNDP 人間開発報告書」において開発と安全保障がリンクされ、安全保障の概念においては国家安全保障のみではなく人々の安全保障（people's security）に力を入れ、軍備による安全保障から人間開発を通じた安全保障に転換すべしと論じられた[5]。

この考え方をさらに押し進め、人間の安全保障の概念を導入したのが、1994 年版人間開発報告書であり、人間の安全保障を論じる際には常に引用される文献である。同報告書は副題が「人間

の安全保障の新しい次元（New Dimension of Human Security）」と付けられた。この報告書では、人間開発の概念に沿って安全保障が再定義されており、人間の安全保障は飢餓、疾病、抑圧等の恒常的な脅威からの安全の確保と、日常生活から突然遮断されることからの保護を指すとされている。そして人間の安全保障の対象として経済、食糧、保健、環境、個人の安全保障、地域社会の安全保障、政治的安全保障の7つの要素が列挙された[6]。

このように安全保障上の脅威の多様化と拡散、対象の変化という認識の変化、すなわち広義の安全保障観がまさに人間の安全保障という概念を生み出したのであった。

第3節　人間の安全保障とは何か

このような国際社会の脅威認識の変容に応えて導入された人間の安全保障であるが、その脅威の対象が広すぎるために曖昧模糊としていると批判され、理念の解釈をめぐる論争が前述の1994年版UNDP人間開発報告書以来約20年あまり続いた。幅広い脅威であるが故に、人間の安全保障を確保するために必要な政策も政治から経済、科学、教育、文化にまで広がり、極論すれば政府機能全体を包含するものではないかとの批判を浴びた。それだけに伝統的な武力攻撃と異なって脅威の特定が難しく、範囲が広すぎるだけに掴みどころがないことが人間の安全保障をめぐる議論の集約を難しくした。

本節では人間の安全保障の概念についてどのような解釈上の対立があり、どのような論争が展開されてきたのかを分析する。

1　人間の安全保障を巡る広義の解釈対狭義の解釈

このような対立は**図1**に示すように人間の安全保障の広義と狭義の解釈が対立する形で議論が展開していった[7]。すなわち、一

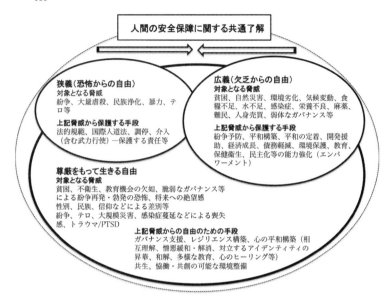

図1 人間の安全保障の狭義対広義の解釈の対立と収斂

つは図1左側に示す様に狭義に解釈するものである。この考え方は、人間の安全保障をこれまでの安全保障論の延長線上に位置づけて、あくまで戦争を含む非人道的な構造的な暴力（violence）からの安全と位置づけ、このような脅威から人々を守ることを主眼とする立場であった。これは暴力等から人々を保護することを目的とした安全保障であることから「恐怖からの自由（Freedom from Fear）」を目指すとして、人間の安全保障の対象とする脅威を限定的に解釈する立場であった。狭義の解釈の最前線にたってきた研究者の一人が2005年から『人間の安全保障報告書』を刊行しているアンドリュー・マック（Andrew Mack）である。マックは人間の安全保障を人間に対する暴力的な脅威からの保護に絞るべきとの主張を続けている。すなわち「大量虐殺から個人の尊厳までの幅広い脅威をまとめた概念は、アドボカシーには有益かもしれないが政策分析には限られた効用しかない」[8]と述べてい

る。また、カナダのカールトン大学教授フェン・ハンプソン（Fen Hampson）も同様に安全保障の概念を広げすぎることにより、人間の安全保障が何も意味しなくなり、分析上も政策上もレレバンスを失うと批判している[9]。また、ニール・マックファーレン（Neil MacFarlane）とフーン・コン（Khong Yuen Foong）も「人間の安全保障はありとあらゆる人間に降りかかる問題を安全保障の範疇に入れたために概念が分析に耐えなくなった。そのため安全保障を損なう原因が混乱し、政治的な問題に対しても軍事的な解決策が用いられることにもなりかねない。したがって、人間の次元の安全保障と言う視点は受け入れるが、何が人間の安全保障を損なう脅威かという範囲については、国家による物理的な安全を脅かす行為に限定すべきである」[10]と主張している。このように脅威を構造的な暴力に限定することで脅威が何なのかが判断しやすくなり、安全保障の主流の議論に人間の安全保障が入ることができると論じた。このように狭義の解釈の立場をとる人々は広義の人間の安全保障はその内容が不鮮明なために混乱が生じており、学問的に使えない概念であると主張した。特に狭義の解釈はカナダが中心となって成立された対人地雷禁止条約がまとまったときには多くの支持を集め、この考え方に同意する国々が「人間の安全保障ネットワーク（Human Security Network: HSN）」を構築して狭義の人間の安全保障の考え方をさらに推進した。

これに対して広義の解釈の立場にたつハーバード大学教授のアマルティア・セン（Amartya Sen）は「人間の安全保障はさまざまな方法で脅かされており、身体的な暴力はそうしたもののひとつにすぎない」と脅威を限定する論に対して反論している[11]。図1右側に示すように広義の解釈では、貧困、飢餓、自然災害、環境劣化、気候変動、感染症、ガバナンスの弱体化などのさまざまな脅威から人々を保護することを目指す。当初はUNDPの人間開発の視点を筆頭に、広義の解釈では開発の側面が重視されたこと

から、広義の解釈の代名詞として「欠乏からの自由（Freedom from Want）」という用語が用いられた。そして、この解釈ではあたかも恐怖からの自由が排除されているかのごとく批判された。したがって定義論争は「恐怖からの自由」対「欠乏からの自由」の争いと位置づけられたのであった。

このような解釈をめぐる対立の構図については、狭義の立場に立ったカナダと広義の立場に立った日本の対立がよく引用された。このため日本とカナダはともに人間の安全保障を推進する立場にありながら、概念の定義で対立し協力できないと揶揄された。しかし、この論争の焦点は、究極的な人間の安全保障の確保のために武力行使を含めるのか否かというところにあった。カナダは必要があれば武力行使も辞さないという立場であったのに対して、日本は武力行使については憲法9条の制約もあり、人間の安全保障を外交政策の一つとして位置づける以上、この制約をともなわない形で取り組みたかった。また、国連加盟国の中には人間の安全保障を名目に内政に干渉されるのではないか、究極的に人道的介入をされるのではないかという懸念もあったことから、武力行使の可能性を人間の安全保障の枠内に入れることには反対の加盟国もあった。

しかしながら、次項で詳述するように人間の安全保障の概念に関する議論が積み重ねられていく過程で、広義の解釈は「欠乏からの自由」のみに特化せず、武力行使までは含まないものの「恐怖からの自由」をも包含するように変化していった。これを図1では議論の収斂を矢印で図示した。また限られた形ではあるが狭義の立場に立つ人々も脅威が構造的な暴力にのみ限定されるものではないとの理解を示すようになった。このような議論の過程を経て日本とカナダの人間の安全保障に対する考え方も異なるものの、お互いの立場を受け入れられるところまで歩み寄ったが、カナダ政府の政権交代により、ハーパー政権下では人間の安全保障

という用語を外交政策には用いない方針となり[12]、人間の安全保障推進にあたっての日加協力は実現しなかった。しかしながら2015年に交代したジャスティン・トルドー（Justin Trudeau）政権では、この方針が見直され、人間の安全保障も復活している。また、国際安全保障への積極的な貢献が見直されていることから、広義の安全保障に関する日加協力の可能性も生まれている[13]。

　また、両方を包含するものとして図1に示すように「尊厳をもって生きる自由（Freedom to live with dignity）」も追加され、性別、信仰、民族、疾病などの理由で差別されることなく生きる自由が追加されていった。尊厳の中には社会的になんらかの権利や物資を剥奪されずに生きること、災害後の親族を失なったことや財産を失ったことからトラウマの解消等も含まれるようになっていった。

　この人間の安全保障の解釈をめぐる論争について　国連難民高等弁務官、国際協力機構理事長を歴任された緒方貞子氏は、その回想録の中で最初からあった「開発系と政治系」の対立と述懐している[14]。この開発系の解釈と政治系の解釈の間を橋渡しすることでこの定義論争は収束のプロセスへと歩みを進めたと考えることができよう。

2　定義論争の収束へ

　この定義論争は一朝一夕には収斂せず、人間の安全保障委員会の議論を経て、2005年の国連総会首脳会合とその成果文書、さらには2012年9月の人間の安全保障の共通了解に関する国連総会決議（共通了解）の採択まで続いた[15]。本項ではその過程を検証する。

　日本政府は、小渕恵三総理（当時）が1998年12月に東京で日本国際交流センターとシンガポール東南アジア研究センターが共催した「アジアの明日を創る知的対話」に出席し、人間の安全保

障の観点からアジア経済危機に苦しむ諸国に対して、その中でも最も深刻な影響を受けている貧困層、高齢者、障碍者、女性や子供等の社会的弱者対策を支援すると演説した。この演説が日本政府が公式に人間の安全保障に言及した始まりだった。また同月ベトナムでの政策演説でも、小渕総理が日本の経済危機で苦しむアジア諸国への援助政策のフレームワークとして人間の安全保障を打ち出し、その実践のために国連に人間の安全保障基金を設置すべく、5億円を拠出することを表明して以来、日本政府は人間の安全保障の実現を外交政策、就中開発援助政策の柱にした。また、この時に設置された国連人間の安全保障基金は、その後ドナー国の数も増え、現在に至るまで人間の安全保障に関わる複数の国連機関が協力するプロジェクトへの助成を続けている。

　一方、2000年の国連ミレニアムサミットでの演説において当時のコフィ・アナン国連事務総長が、地球規模課題について、人々に恐怖からの自由と欠乏からの自由を与えるべく努力すべきであると述べた。この演説は人間の安全保障では両方の自由を視野に入れるべきとの立場を国連事務総長がとったという意味で画期的であった[16]。この国連事務総長演説を受けて、当時の森喜朗総理は論争が続いていた人間の安全保障の概念を整理するべく、有識者による人間の安全保障委員会の設置を提案した。その後委員会は日本政府が支援し、アマルティア・セン氏と緒方貞子氏を共同議長に迎えて2001年に発足し、5回にわたる議論を重ねた後に2003年5月に最終報告書『安全保障の今日的課題（Human Security Now）』[17]をコフィ・アナン国連事務総長に提出した。同報告書はそれまでの国家安全保障を中心とする安全保障の理論的枠組みを再考し、安全保障の焦点を国家から人間の次元に広げるべきことを提言し、国家安全保障と人間の安全保障が相互排他的な関係にあるのではなく、これからは両面を包含した取組みが必要であるとした。そして人間の安全保障は「恐怖からの自由」なの

か「欠乏からの自由」なのかという定義論争についても両方が成り立たなければ人間の安全保障は確保されないという結論を打ち出した。同報告書では人間の安全保障は次のように定義された。

> 人間の安全保障とは人が生きて行く上でなくてはならない基本的自由を擁護し、広範かつ深刻な脅威や状況から人間を守ることである。また、人間の安全保障は、人間に本来備わっている強さと希望に拠って立ち、人々が生存・生活・尊厳を享受する為に必要な基本的手段を手にすることができるよう、政治・社会・環境・経済・軍事・文化といった制度を一体として作り上げていくことも意味する[18]。

さらに同報告書では伝統的な安全保障では「守る」あるいは「保護する」という論理が中心であったのに対して、人々が再び脅威にさらされないような能力を身につけること、「エンパワーメント（empowerment）」すなわち能力強化が強調された。現在開発援助においては強靭性いわゆるレジリエンスが重視されているがその流れの起点になったのがこのエンパワーメントの提言であり、アマルティア・センの「ケイパビリティ論」の延長線上に位置づけられていると言えよう。つまり、同委員会の報告書により「保護」と「能力強化」というトップダウンとボトムアップの両方の手段を用いることが提言されたのである。

しかしながら、この人間の安全保障委員会の提言をもってしても、定義論争はおさまらず、また広義派と狭義派の対立の中心となっていた武力行使の問題は残り、その後もくすぶり続けた。

このような定義論争の影響もあり、国連加盟国の間でも人間の安全保障については賛否両論に分かれ、特に人間の安全保障を口実に内政への干渉を嫌った国々の反対で「人間の安全保障」という用語すらなかなか国連総会の公式文書には用いられなかった。

しかしながら人間の安全保障推進派の努力によりようやく 2005 年の国連総会首脳会合成果文書に以下のように盛り込まれた。

人間の安全保障
143. 我々は、「人間が自由と尊厳を持ち、貧困と絶望から解放されて生きる権利を持つことを強調する。すべての個人は、特に弱い立場の人々が恐怖と欠乏から自由に生き、すべての権利を享受し、人間としての潜在力を充分に開発する平等な権利を持つことを認識する。そのために、総会において人間の安全保障の理念を議論し、定義することを約束する[19]。

この文書において国連総会で今後「人間の安全保障の理念を議論し、定義すること」が約束された。日本政府はこの成果文書をフォローアップすべく、翌年に「人間の安全保障フレンズ会合」を立ち上げた。第 1 回会合は国連本部に近いホテルで開催されたが、やはり国連本部で開催するべきとの意見から 2007 年の第 2 回会合以降は国連本部で開催された。同会合では日本とメキシコが共同議長となり、国連人道問題調整事務所（OCHA）が共催する形が採られた。このフレンズ会合は広義、狭義の立場に関係なく、関心のある国連加盟国、機関に門戸が解放され、安保理常任理事国を含む加盟国や国際機関が参加し、人間の安全保障に関する活動の紹介や地球規模課題と人間の安全保障の関わりや人間の安全保障実現のための方針等が議論された。そして同会合からの勧告で人間の安全保障に関する国連非公式テーマ別討論が 2008 年 5 月に開催され、2010 年 4 月の人間の安全保障に関する事務総長報告の発表や、人間の安全保障に関する国連総会公式討論が開催につながった。そしてこれらの議論の集大成として、2012 年 9 月には人間の安全保障に関する「共通了解（common understanding)」を盛り込んだ国連総会決議 A/RES/66/200 が採択された。共通了解では人間の安全保障は以下のように記述されている。

　人間の安全保障は、加盟国が人々の生存及び尊厳に対する広範かつ分野横断的な課題を特定し対処する事を補助するアプローチであることに合意する。
　これに基づき、人間の安全保障の概念に関する共通了解は以下を含む。
　人々が自由と尊厳のうちに生存し、貧困と絶望から免れて生きる権利。すべての人々、特に脆弱な人々は、すべての権利を享受し、彼らのもつ人間としての可能性を開花させる機会を平等に有し、恐怖からの自由と欠乏からの自由を享受する権利を有する。
　人間の安全保障は、すべての人々及びコミュニティの保護と能力強化に資する、人間中心の、包括的で、文脈に応じた、予防的な対応を求めるものである。
　人間の安全保障は、平和、開発及び人権の相互連関性を認識し、市民的、政治的、経済的、社会的及び文化的権利を等しく考慮に入れるものであること。
　人間の安全保障の概念は保護する責任及びその履行とは異なること。
　人間の安全保障は武力による威嚇もしくは武力行使または強制措置を求めるものではないこと。人間の安全保障は国家の安全保障を代替するものではないこと。
　人間の安全保障は国家のオーナーシップに基づくものであること。人間の安全保障に関する政治的、経済的、社会的及び文化的な状況は、国家間及び国内並びに時代によって大きく異なる事から、人間の安全保障は地域の実情に即した国家

による対応を強化するものであること。

　政府は市民の生存、生計及び尊厳を確保する一義的な役割及び責任を有すること。国際社会は政府の求めに応じ、現在及び将来の危機に対処する政府の能力の強化に必要な支援を提供し補完する役割を担うこと。人間の安全保障は、政府、国際機関及び地域機関並びに市民社会の更なる協調とパートナーシップを求めるものであること。

　人間の安全保障は国家主権の尊重、領土保全及び本質上国家の国内管轄圏内にある事項への不干渉といった国連憲章の目的と理念を尊重して実践されなければならない。人間の安全保障は国家に追加的な法的義務を課すものではないこと[20]。

（部分抜粋）

この共通了解では、人間の安全保障の概念に恐怖からの自由と欠乏からの自由の両方が明確に含まれ、尊厳をもって生きる自由もあわせて図1に示すように三つの自由が含まれた。

また、この中でそれまで争点の一つになってきた人道的介入、すなわち武力行使を認めるか否かについては、保護する責任（Responsibility to Protect）を人間の安全保障とは別の概念として整理することにより論争への終止符が打たれた。

ここで補足しておくと、保護する責任という考え方は人道的介入への規範を設けようという努力から生まれてきた概念である。冷戦終結後アフリカやバルカン地域で発生した内戦が民族浄化のための大量虐殺等をともなったことから、安保理が国際の平和と安全に対する脅威であると認定した場合、人道上の問題として位置づけられ、国連ミッションが派遣された。このような展開の中で人道的な問題があれば国際社会は武力介入してよいのかという声があがった。

これを受けてアナン国連事務総長は2000年のミレニアムサ

ミットの演説で、ルワンダ、スレブレニツァ、コソボ等の大量虐殺を中心とする人道的な問題を取り上げ、国際社会に対していかなるときに主権国家に対する介入が行われるべきか、介入と国家主権の関係を明確にすべきであると呼びかけた。これにカナダ政府が応えて、人道的な介入の規範を作成すべく委員会を設置した。これが介入及び国家主権に関する国際委員会（ICISS）である。同委員会は最終報告書を「保護する責任」と題して発表した。この報告書では人道的な介入をする権利という発想ではなく、危機的状況におちいっている人々を保護する責任という考え方をとった。また、同報告書では人道的危機状況を予防する責任が強調されており、武力的介入については厳しい介入基準を提言した。

　この保護する責任の考え方も2005年国連総会首脳会合の成果文書に盛り込まれ、ここでは武力行使にあたっては安保理の承認が要件とされた。その上で人間の安全保障に関する共通了解では、保護する責任を人間の安全保障とは別個のものと整理し、一部の加盟国にあった人間の安全保障という名目による介入への懸念を払拭しようとしたのであった。

　このようにしてまとめられた人間の安全保障に関する国連総会決議は紆余曲折を経て人間の安全保障をめぐる解釈論争を収束させる大きな里程標になったと言えよう。

　そして上記人間の安全保障フレンズ会合は共通了解の発表をもってその役割を全うしたとして終了したが、2010年から国連事務総長が人間の安全保障に関する報告を発表している。その中で人間の安全保障を国連の中で主流化し、定義論争を超えていかに実践するかが重要という論調に変わってきている。2013年に発表された第3回人間の安全保障に関する事務総長報告[21]では、国連加盟国、国際機関、研究機関やNGOへの人間の安全保障の実施状況に関するアンケート結果が紹介され、人間の安全保障をこれまでのように外交政策にのみ適用するのではなく、国内の格

差や不平等の是正、防災、減災問題等にも適用すべしとされた。かねてより研究者は人間の安全保障を単に対外政策としてのみ展開することでは不十分であり、国内の多文化共生や防災政策にも適用することにより真の価値が発揮されることを提言してきたが国連事務総長も同様に指摘したことの意味は深い[22]。このような努力が積み重ねられることによって先進国が、発展途上国の国内問題に介入するという隠れた意図をもって人間の安全保障という概念を推進しているという懸念も緩和し、解消することもできよう。

さらに同国連事務総長報告書の中では、ますます複雑多様化し、相互関連性が強まっている平和と安定への脅威に対処するにあたり、人間中心の予防に力を入れた包括的多角的な政策アプローチとしての人間の安全保障の価値が強調されている。そして今後2年ごとに国連事務総長が人間の安全保障に関する実践状況を報告することが提言されている。

このような長く続いた人間の安全保障をめぐる定義論争は、異論はまだ燻り続けているが、一応の収束をみた。また概念整理の段階から実践の段階に入ったと考えられる。その背景にはやはり広義の安全保障を無視しては、人々の安全を確保することはできないという厳しい現実があると言えよう。

第4節　人間の安全保障は21世紀の国際社会でレレバンスをもつのか

このようにして概念の解釈が議論されてきた人間の安全保障は、21世紀の国際社会の安全保障を考える上でレレバンスをもつのだろうか。

1 今日的安全保障の課題

　冷戦後の国際社会で取り上げられた人間の安全保障は、今日的な安全保障の課題に対処するにあたって役に立つのだろうか。まず、今日的な安全保障の課題は何か。前述のように1990年代にみられたような安全保障を広義に解釈することに対する疑義はおさまっている。いまや呼び方は別として軍事的な安全保障以外のいわゆる非伝統的安全保障課題が拡大し、私たちに重くのしかかっていることを否定する声は少ない。本項では具体的に安全保障化の行き過ぎも批判されたテロリズム、自然災害そして感染症という三つの脅威を取り上げて今日的安全保障の課題がどのように認識されるに至ったかを検証してみたい。

(i) テロリズム

　冷戦期のテロリズムは政治家の暗殺が中心であり、その国のテロリストが国内で起こすことが過半であった。しかしながら、冷戦後はこれが様変わりし、国際テロリズムが増えて越境化するとともに大規模化した。これはテロ組織が密輸により武器を調達し、そのための資金も国際的に調達し、かつマネーロンダリングによって潤沢な資金をもつようになった。また、「イスラム国」(IS) あるいはダーイシュ (Daesh) に顕著に見られるように情報通信技術の発達を利用してITによる組織の宣伝も活発に行われるようになった。さらに1980年代以降は自爆テロも増え、一件平均の死者数が格段に増えている。自爆テロの場合には自らが逃走することを考えないので、標的の近くまで接近して爆薬を用いるため阻止が難しいとも言われている。

　このような最近のテロリズムとしては2001年9月11日の米国同時多発テロが例に挙げられる。この事例ではテロリストは民間航空機をテロ襲撃の手段に用い、ニューヨークの世界貿易センターのツインタワービル等を崩壊させた。テロリスト19名が約

3,000 名の死者を出す惨事を引き起こした。2015 年には「イスラム国」(IS) がシリアで殺戮を繰り返すばかりではなく、他国にも襲撃の手を伸ばし、1 月 7 日にはフランスのパリのシャルリ・エブド誌本社において編集長、風刺漫画の担当者、コラムニストなど 12 名を殺戮した。さらに同年 11 月 13 日夜にはパリ中心部の劇場やレストラン、郊外のスタジアムなどが同時に襲撃され 127 名が死亡、約 300 人が負傷したと報道され、これも IS が襲撃したと発表された。

このようなテロリズム事件は地理的に限定されず、地球上のどこに飛び火するかわからない。日本人がテロリストの犠牲になる例も年々増加している。2015 年 1 月には IS に拘束されていた日本人 2 名がシリアで殺害された。また、2016 年 3 月に後に犯行声明をだした IS が襲撃したとされているベルギー・ブリュッセルの国際空港と地下鉄でのテロでは、日本人 1 名が負傷した。さらには、2016 年 7 月 1 日にはバングラデシュの首都ダッカの中心地グルシャン地区でテロの襲撃が発生し、現地の交通関係のインフラプロジェクトのため滞在中の国際協力機構（JICA）関係者 7 名が死亡した。このテロの実行犯はイスラム過激派組織「ジャマトゥル・ムジャヒディン・バングラデシュ（JMB）」と言われており、ダーイシュの傘下にあるのではないかと言われている。このような最近のテロ事件では実行犯が海外から入国するのではなく、以前からその国に居住する人が情報空間から過激派思想に触れ、影響を受けてテロ襲撃する事例が増加している。いわゆる「国内で育つ (home grown) テロリズム」の形態が増えている。それだけにテロリズムは、ますます越境性が高まっている。しかもこのようなテロリズムの頻発傾向は減少の兆しは見出せず、安全保障の客体も主体も、国家のみではないことを如実にあらわしている。また、テロリズムは国家による領土侵略とは異なる形で私たちを恐怖に陥れるが、その手段も民間航空機の例に見られるよ

うに軍事的なものに限定されていない。またテロリズムが拡散する背景にはさまざまな解消されない不満や信仰による差別等の問題があり、長期間にわたって「欠乏からの自由」や「尊厳をもって生きる自由」が損なわれていることが、このような過激な行為にテロリストを誘引している側面もある。テロリズム対策においてはその原因の緩和や除去も必要であるが、歴史・宗教・文化などの基礎的な問題から、経済格差などその解決が容易ならざる多くの問題を含む。

さらに過激なテロリスト集団が反対勢力ないしグループに対して攻撃を続けると難民や国内避難民を出すという事例もある。たとえば現在シリアなどから欧州に難民が大量に逃れているが、これは受入国にとっても負担が大きく、テロリズムの影響が襲撃を受ける人々や国のみにとどまらない。したがって、テロリズム対策も関係する分野を連携してとらなければならないことを示唆している。

(ii) 自然災害

自然災害は安全保障上の脅威とすることについて異論が出され、過度の安全保障化（セキュリタイゼーション）として批判の的になった。この自然災害も国連国際防災戦略事務所（UNISDR）の報告によると近年大規模化し、かつ発生件数が増え、被害者数が急増し、経済的な損害規模も増えている。たとえば、日本は2011年3月に東日本大震災に見舞われ、地震、津波、そして東京電力福島第1原子力発電所の事故のハザードが発生し、未曾有の人的、物的、精神的被害をこうむった。この天災と人災が組み合わさった複合ハザードを体験したことで自然災害もまた人々の安全、生命を損なう重要な脅威として認識されるようになった。これは世界各地でも台風や旱魃、洪水などが大規模化し同様の被害が発生し、その経験から自然災害も人間の安全保障の対象の一つである

ことが痛感された[23]。1994年UNDP人間開発報告書においても自然災害は脅威の対象に含まれていたのであるが、大規模化する災害を体験し、まさに防災、減災、そして災害後の復興において人間を中心に置いたアプローチの必要性が認識されたと言えよう。

このような自然災害を含む複合リスクの発生件数が増え、大規模化し、救援にあたっては当該国だけでは手が回らず諸外国が救援に参加する事例が増えていることから、人道支援・災害援救（HADR）が安全保障の政策分野で近年重視されるようになっている。例えば拡大ASEAN国防大臣会合（ADMMプラス）の枠組みではHADRの合同演習も始まっている。このような状況にあって自然災害を安全保障上の課題の一つとして取り上げることについての批判は聞こえなくなってきている。

(iii) 感染症

三つ目の例として保健衛生分野から感染症を取り上げたい。人間の安全保障の対象に含まれる感染症も安全保障化の行き過ぎの誹りを受けたが、2014年に主に西アフリカのギニア、リベリア、シエラレオネの三カ国で発生したエボラ出血熱は、WHOの報告によると2万人以上の感染者が発生し、8,000人以上が死亡したと報告され[24]世界を震撼させた。また、家禽類の病原体がヒトに感染する新たな感染症が勃発し、短期間に感染が拡散し、甚大な被害を及ぼすようになり、これも人々の安全に対する脅威の一つとして認識されている。

最初に感染症が人間の安全保障の脅威に含められたときに例示されたのはHIVエイズであったことを想起したい。エイズはヒト免疫不全ウイルスに罹患後、有効な治療が行われない場合には2〜3年で発症し、死に至ると言われた。世界保健機関（WHO）によると1981年に最初のエイズ症例が報告されて以来、約30年間で延べ約6,000万人が感染し、2,500万人以上が死亡した。

2010年末で約3,400万人のHIV陽性の患者がいると言われている。しかしながら、1999年以降感染者が減少傾向に転じている。これは国際的な対処が行われることにより、感染症をコントロールすることが可能であることを示している。

エイズにかわって感染症として今大きく注目されているのがいわゆる新興感染症である。たとえば、2003年に出現した重症急性呼吸器症候群（Severe Acute Respiratory Syndrome: SARS）は、それまでヒトに感染したことがなかったウイルスが中国広東省で人に感染したことが判明した。SARSは、さらに北京、香港、ベトナム、シンガポール、カナダにまで広がった。最終的に29の国と地域から8,096例のSARS感染者がWHOに報告され、そのうち774例は死亡した。さらに感染症の影響は単に疾病の拡大にとどまらない。世界銀行によると2002年〜03年にかけてのSARSの感染は世界GDPに330億ドルの損失をもたらしたと推定され、2008年の世界銀行の報告書では感染症の世界的流行があと一年続けば世界経済は大不況に陥ったであろうと警告した[25]。

また、2003年に流行した鳥インフルエンザ（H5N1）も、最初にヒトへの感染が確認されたのは1997年に香港であったが、その後広がった。このウイルスはそれまで家禽類には感染していたが、ヒトには感染していなかった。これが強い病原体としてヒトにも感染するようになったという意味で新興感染症と呼ばれる。こうなると家禽を扱う農業牧畜分野と人間の疾病を扱う医療分野の分野横断的な連携がなくしては、効果的に感染症を抑制できないことを意味する。さらには感染症の流行をコントロールするには、平素からのユニバーサル・ケア・システムの整備が必要である。感染が疑われる場合に医療機関に相談できる体制が整っているか否かで感染拡大防止の効果も左右される。

さらにグローバル化の進展とともに人の移動が増加し、感染者が幅広く接触する可能性が高まり、また航空機の便がよくなった

ことにより感染症の潜伏期間中に感染者が世界中を移動してしまうリスクも高まっている。それだけに感染のリスクは従前とは比較にならないほど高まっている。これへの対処には国際機関、国、地方政府、空港、港、病院、さらには緊急感染時には仮設の医療施設等も必要となり軍隊の動員も必要な場合がある。よって分野横断的に、多様な行為主体が連携することがこれらの脅威への対応には不可欠である。

2 多様化、深化する安全保障上の脅威

このように人々の安全や安心を損なう脅威が多様化し、拡散していること、そして安全保障の客体が国家から個人へと広がりを見せていること、これによって安全保障の射程が拡大していることは、1990年代当時と比べると幅広く認識されるに至っていると言えよう。今や安全保障化の行き過ぎという反論は姿を消した。

このような脅威認識の変化の背景として前項の検証から浮かび上がってくる要素はまずグローバル化の進展である。リスクも越境するだけに、一国だけでは効果的に対応しきれないケースが増えている。第二には安全保障の主体が国家のみには限定されず、国際機構、市民社会、個人等に拡大していることである。第三はリスクが複合化するために、対応する上でも分野横断的な連携が不可欠なことである。

このような認識は近年の研究者の文献の中にも見出せる。例えば前述のように脅威の多様化に着目し、軍事的な安全保障のみに偏ることは、今日的課題への対応を誤らせることを説いたバリー・ブザンは、2010年の著書においてもリスクの変容やグローバル化などを背景として共通する非軍事的安全保障課題に対処することの重要性を強調している[26]。今日的安全保障課題は複合連結型の脅威という新しい問題を提起している。

このように安全保障の広義化への異論が少なくなっている一方

で、さらに様相を複雑にしているのは 2010 年頃からは伝統的安全保障の重要性もまた再認識されていることである。これはグローバルなパワーシフトが起き、中国やインド等の新興国が台頭してきたことと、このような変化の中で国際秩序が変容していること、新興国の急速な軍備拡張や海洋安全保障への積極的な攻勢などがあいまっている。これらの変化がどのような形に進展するかが不透明なだけに軍事的な脅威への懸念も 1990 年代と比較すると強まっており、時には政治的緊張が募り、内戦型ではない国家間の軍事的な衝突への不安感も広がっている。したがって 21 世紀にあっては軍事的な安全保障か非軍事的な安全保障かの選択が問われているのではなく、その両方を含めてどのようにハイブリッドに対処するかが国際共生を考える上で求められていると言わねばならない。

第 5 節　人間の安全保障は国際共生につながるのか

　それでは、このようにして発展してきた人間の安全保障という概念は、国際共生の礎となりえるのか。人間の安全保障は、人間、市民社会、国、から国際機関までを含む国際社会における多様な行為主体（アクター）の連携協力を促し、すべてのアクターにとってプラスの結果を生み出すアプローチを提供する。この場合の「プラスの結果」とは、究極的に人間が恐怖からも欠乏からも解き放たれて、尊厳をもって生きることができる環境を整えることである。その対象とする安全保障上の脅威は、テロリズム、自然災害や感染症をはじめとしていわゆる地球的課題群（グローバル・イッシューズ）である。すなわち、人間の安全保障は、地球上の人々の共生を実現するための一つの政策フレームワークを提供するという意味において、国際共生ないし地球共生の礎を築く概念である。

これらの人間の安全保障の概念の実践における特徴については、日本が国連に設置した人間の安全保障基金の拠出について、人間の安全保障諮問委員会が設定したガイドライン[27]が参考になる。その中で人間の安全保障基金から資金を得るための条件として「複数の国際機関が連携すること」、「複数の分野や機関における取組みの統合を推進すること」、「相互関連性のある課題に取り組むべきこと」が謳われており、紛争と貧困、非自発的移動と保健衛生、教育と紛争予防等の相互関係を考慮することが例示されている。まさに人間の安全保障は現代の安全保障が求める要件をいずれも包含しているといえよう。

現在人間の安全保障の概念に対して残る批判は概念が、曖昧模糊としている点である[28]。かつ、人間の安全保障は対象が広いだけに開発系の理解や取組みや、政治規範的な理解や取組みに偏ることが多く、国際安全保障論、国際政治学、開発経済学の学問分野間の緊張を内包してきた。人間の安全保障が真に国際共生につながる概念になるためには、この問題を解消しなければならない。

そのためには人間の安全保障の理論の精緻化が必要であり、まずは人間の安全保障が包含する多岐にわたる脅威認識をなんらかの形で明確にする必要がある。人間の安全保障の理論のさらなる発展について東京大学教授で前国際協力機構理事長の田中明彦氏は、その論文[29]の中で「脅威を物理的なもの、生存システム、社会システムに関わるものに分類し、さらにこれを学術領域で分類すること」を提案している。すなわち、第1分類として地震、火山の噴火、津波、洪水、台風、山火事、旱魃などを挙げ、これらの脅威を物理や化学に基づく科学や工学によって分析すること、第2分類として感染症、飢餓、栄養不良、生態系の災害等を挙げ、これらの脅威は生物学や生態学によって分析すること、第3分類として生存を脅かす社会システムとして殺人、レイプ、大量虐殺、

テロ、内戦の暴力、難民、国内避難民、保健医療等の不足等を挙げ、社会学や人文科学で分析するとしている。さらに安全保障の対象が国家から個人にシフトするということからホッブスの言う「自然状態」[30]に立ち戻って考えることを提案している。すなわち、ホッブスは17世紀に国家間の関係をアナーキーと分析したが、21世紀に安全保障のエージェントが個人にシフトするとそのレベルでのアナーキーを考える必要があるというものである。

これまでの人間の安全保障の解釈論のように「恐怖からの自由」「欠乏からの自由」「尊厳をもって生きる自由」という定義ではそれぞれにどのような安全保障の脅威が含まれ、どのようなステークホルダーとエージェントがいるのか、政策としてどのような分野を適用するのかがはっきりしない。これを解明するためには関連する分野を選択した上での学際的な研究によって関係をつまびらかにする必要があろう。

第6節　むすび

開発学の視座と政治学の視座の間で緊張感をもちつつ、用いられてきた人間の安全保障という概念は、批判の荒波に20年余耐えて解釈についての共通了解の段階にまで辿り着いた。まだ、概念の曖昧さに対する批判は残るが、安全保障上の脅威の多様化については否定する声は聞こえなくなった。21世紀の国際社会では地政的、地理的、気候、生物、社会システムがお互いに相互作用を起こし、想定外のスピードで脅威が国境も分野の境界も超えて拡散し、私たちの生活を複数の経路で浸潤する。このような時代にあっては単独の国家や分野だけで問題を解決できない。グローバルな協力とすべてのエージェント、ステークホルダーの協力を欠くことはできない。このような要求に応えることができるのが人間の安全保障の概念であり、さらなる理論の精緻化、特に

開発援助にのみ偏重するのではない形で理論の中にある「欠乏からの自由」に重きを置く開発系と「恐怖からの自由」に焦点を絞る政治系の緊張関係を解くことが求められる。

　これによって人間の安全保障は国際共生を損なう要素を取り除き、共生を可能にする礎の役割を果たすことができよう。

注

1　Barry Buzzan, *People, States and Feaar: An Agenda for International Security Studies in the Post-Cold War Era*, 2nd Edition, Lynne Rienner Publishers, 1991, p.363.

2　Richard Ullman, "Redefining Security", *International Security*, Vol.8, No.1, Summer 1983, pp.129-153.

3　Stephen Walt, 1991 The Renessance of Security Studies," *International Studies Quarterly*, Vol.35 No.2213.

4　The Commission on Global Governance, *Our Global Neighborhood*, New York, Oxford University Press, 1995, p.78.

5　UNDP, *Human Development Report 1993*, New York, Oxford University Press, 1994, pp.1-2.

6　UNDP, *Human Development Report 1994: New Dimension of Human Security*, New York, Oxford University Press, 1994, pp.230-234.

7　人間の安全保障の概念を巡る狭義と広義の論争については、福島安紀子『人間の安全保障：グローバル化する多様な脅威と政策フレームワーク』千倉書房、2010 年、34-58 頁参照。

8　Human Security Centre, *Human Security Report 2005: War and Peace in the 21st Century*, New York, Oxford University Press, 2002, p. viii.

9　Fen Osler Hampson, *Madness in the Multitude: Human Security and World Disorder*, Don Mills Ont., Oxford University Press, 2002, pp.15-18.

10　S.Neil MacFarlane and Yuen Foong Khong, *Human Security and the UN; A Critical Hisotry*, Bloomington, Ind., Indiana University Press, 2006, pp.227-228.

11　アマルティア・セン（東郷えりか訳）『人間の安全保障』集英社新書、2006 年、9-10 頁。

12　福島安紀子『人間の安全保障：グローバル化する多様な脅威と政策フレームワーク』千倉書房、2012 年、141-142 頁。

13　2016 年 8 月 4 日の著者とカナダ政府関係者との意見交換に基づく。

14　野林健・納家政嗣編『聞き書　緒方貞子回想録』岩波書店、2015 年、229 頁。

15　識者によっては国連総会決議による人間の安全保障の解釈に関する共通

16 しかしながら、この演説においてコフィ・アナン国連事務総長は人間の安全保障という用語自体は用いておらず、内部に異論があったことが窺える。

17 人間の安全保障委員会『安全保障の今日的課題』朝日新聞社、2003年。

18 野林健・納家政嗣編、前掲書、11頁。

19 United Nations General Assembly, Resolution adopted by the General Assembly, 'World Summit Outcome,' UN.Doc.A/RES/60/1, para 143.

20 A/RES/66/290, September 10, 2012.

21 United Nations General Assembly, Follow-up to General Assembly resolution 64/291 on human security, Report of the Secretary-General, 23 December 2013, A/68/685.

22 福島安紀子、前掲書、2012年、245-275頁。

23 PaulBacon and Christopher Hobson eds., *Human Security and Japan's Triple Disaster: Responding to the 2011 earthquake, tsunami and Fukushima nuclear crisis*, Routledge, 2014.

24 World Health Organization, World Health Statistics 2015 http://apps.who.int/iris/bitstream/10665/170250/1/9789240694439_eng.pdf?ua=1&ua=1

25 Sharon Begley, "Flu-economics: The next pandemic could trigger global recession," *Reuter US*, Jan. 21, 2013.

26 Ole Waever and Barry Buzan, "After the Return to the Theory; The Past, Present and Future of Security Studies," in Alan COllins ed., *Contemporary Security Studies*, Oxford University Press, 2010, p.480.

27 人間の安全保障諮問委員会が基金の拠出について設けたガイドラインについてはhttp://www.mofa.go.jp/mofaj/press/pr/pub/pamph/pdfs/t_fund21.pdf参照。

28 Mary Martin and Tayler Owen eds, *Routledge Handbook of Human Security*, Routledge, 2014, p. 331.

29 Akihiko Tanaka, "Toward a Theory of Human Security," No.91, JICA-RI Working Paper, JICA Research Institute, March 2015.

30 Thomas Hobbes, 1968(originally 161), *Leviathan*, Harmondsworth, Penguine Books, p.186.

16 しかしながら、この演説においてコフィ・アナン国連事務総長は人間の安全保障という用語自体は用いておらず、内部に異論があったことが窺える。

第6章
職場の労働安全と「人間の安全保障」

香川孝三

第1節 はじめに

　本章では「人間の安全保障」を国家によって生命や安全を保障するというだけでなく、個人や集団・社会によって生命や安全を危うくする事態を回避するという意味で用いることとする。これは「広義の人間の安全保障」と位置づける。本章のテーマである職場の労働安全問題はこの「広義の人間の安全保障」に含まれる。そこで本章では職場における労働安全の確保をいかに行うかという問題を国際共生との関連で考察することとする。

　労働安全問題は、最近起こった「人間の安全保障」という概念とは関係なく、イギリスの産業革命以来議論されてきた問題である。産業革命初期には労働安全を守って労働者の身の安全を確保するという発想そのものがなかったが、労働者が労働安全上の問題から死亡に至ることは企業側にとっても大きなマイナスであることに気づき、労働安全基準を設定する必要性が認識され始めた。しかし、それは企業の負担を増加させることであり、労働安全基準が作成されても、それが遵守されない事態を生み出した。その結果、疾病、障害、死亡事故の発生を避けることができず、それに対処するために労災補償制度や労災保険制度が構築されてきた。

　経済のグローバル化とともに多国籍企業が誕生し、先進国の企業が発展途上国に部品の生産を委託する形態が生まれてきた。ここに複数の国にまたがって生産がなされることがあたりまえに

なってきている。その結果、部品の注文を発注する側と実際にそれの生産を担当する側の両方にまたがって職場の労働安全問題を処理すべき問題とされてきている。つまり、発注する側は企業の社会責任として、生産を担当する側は使用者の責任として労働安全問題に対応しなければならなくなっている。ここに、職場の労働安全問題が国際共生と関わってくる契機が存在している。

　本章では、2013年4月25日バングラデシュの首都ダッカの北西15キロにあるサバールという地区で、8階建てのビル（9階部分を建て増し中であった）が崩壊に至ったラナプラザ事件を素材として取り上げることとする。バングラデシュ産業を代表する縫製業に従事する工場がビルの3階以上に設置されていたが、ビルの崩壊によって1,137名の死者、2,438名の負傷者、162名の行方不明者、DNA鑑定後も85名の不明者（2015年4月段階）[1]が出てきた。安全基準を無視した労働環境のために多くの死者や負傷者を出した。このビルの3階から8階までに立地していたのは5つの縫製工場であり、発注したのは自社製品の一部を委託製造していた有名ブランドメーカー30数社（Walmart, JC penny, Carrefour, Mango, Benetton Bonmarche, Camaieu, The Children's Place, El Corte, Kik, Premier Clothing, Primark, C&A, Gueldenpfenning, Mascot, Asda, Inditex, Loblaw, LPP, S.A., AdlerModemarkte, Cato Fashinons, Manifattura, NKD, Texman, Yee Zee, Store21, Auchan, Iconix, KANZ/Kids Fashion Group, Robe di Kappa, Ascena Retail など）であった。この事件発生後、バングラデシュ国内の政府、使用者団体、労働組合などの多くの組織や、国際機関、海外からの進出企業、国際的労働組合、国際的NGOなどによって、犠牲者の救済や今後事故を発生させないための取り組みが行われた。その経過の中から国際共生の在り方を探ってみたい。

第2節　バングラデシュの縫製業の概要

　バングラデシュの縫製業の動向を見てみよう。繊維産業には蚕や綿から糸を作り、先に糸を染めてから布を作る場合と布を作ってから染色する場合があるが、これらが川上の作業と呼ばれている。デザインに基づいて布を裁断し縫製するのが川下の作業と呼ばれている。バングラデシュでは主に川下の作業がなされている。

　伝統的にベンガル地方はダッカ・モスリンの生産地として知られていた。イギリスの植民地になってからはイギリスの織機によって生産される綿製品がインドに輸入されたが、それに対抗してベンガル地方の綿製品がインドの産業発展の重要な役割を果たしてきた。独立後東パキスタンとなり、さらに1971年パキスタンから分離してバングラデシュとなった以降も、綿織物工業は産業の中心となってきた。

　世界的に注目を浴びるようになるのは、1970年代末になって輸出用のアパレル産業が興り、しだいに発展をし始めてからである。欧米の有名ブランド企業の委託生産を行うことによって輸出を伸ばしてきた。人件費が安い（月37ドルから50ドルぐらい）ことが労働集約型産業を成長させる要因となった。さらに1974年の多数国間繊維協定による輸出枠の規制をバングラデシュが免除されたことと、一般特恵関税制度の適用を受けて有利な貿易条件によって輸出を拡大させることができ、輸出志向型工業の経済成長をバングラデシュにもたらすことになった。特にヨーロッパとアメリカへの輸出の拡大によって経済の拡大を実現してきた[2]。

　1983年外国投資促進の受け皿としてチッタゴンに輸出加工区が設けられ、現在はそれが8か所に広がっている。1989年には、国内外の民間企業による投資促進のためにバングラデシュ投資庁が設置され、それまでの公企業中心から民間企業の育成に力を入れたことも民間の縫製業の増加に寄与している。

日本のユニクロのように、チャイニーズプラスワンの考え方に基づき、中国での生産の危険性を避けるために、生産の一部を他の国に移転を行うという方針から、バングラデシュに工場を移すことも行われている。日本企業は縫製業の分野で10数社がバングラデシュに進出している。

　2013年段階で約5,600の縫製工場があり、約400万人の労働者が働いていた。その結果、バングラデシュは中国に次いで世界第二位のアパレル製品の輸出国であり、さらに、それがバングラデシュの輸出総額の約80％（2011/12年度）を占めている。経済成長率は1993/1994年以来4％を超えており、次第に上昇し、2011/2012年には7％近くにもなっている。これを受けて、バングラデシュはBRICSに続く経済成長が望める国として「ネクスト11」[3]に含まれている。つまり、11の新・新興国の中にバングラデシュが入っている。この経済成長を引っ張っている要因の一つが縫製業の成長である。しかし、縫製業にも多くの問題点を抱えている。低賃金や悲惨な労働条件のもとでの労働を余儀なくされているし、労働安全への対応ができていない。欧米のブランド企業からの厳しい納期の遵守と低価格の生産の注文を引き受けざるを得ないことが、労働者の労働条件にしわ寄せがきている。

　縫製業には女性が多く働いている。約400万人のうち、6割以上が女性とされている[4]。バングラデシュはイスラムの国であり、女性は家族以外の者に姿を見せてはならないという戒律（パルダ）があるので、女性が縫製工場で働くことには抵抗があった。娘が農村から出る場合、父親は一般的に反対するが、同郷の工場主であれば、工場主が父親代わりになって娘を保護してもらえると考えて都会の工場に送り出している。工場主自身が出身地にでかけて採用すれば、工場主が娘の保護者と認識されやすいからである。伝統的なパルダを利用して女性を採用している[5]。その背景には、農業の収入だけでは生活できなくなっており、他の収入

を得なければ生活ができなという状況がある。そこで、しだいに女性が縫製業で働く割合が高くなっており、60％強は女性で占められている。これは男性が4割弱いることを意味している。男性は管理職や機械の保守点検に従事しているだけでなく、縫製業務にも男性が従事しているからである。これは、パルダの影響によって男性が縫製の仕事に従事してきた伝統を反映している。道端でミシンを動かして注文服を縫っているのはほとんどが男性である。女性が縫製業務に従事するのは工場内という他人の目には触れにくい場所で働けるようになって以降である。イスラム教のもつジェンダー問題が女性労働の形態に影響を与えている。しかし、今後縫製業で女性の働く割合が上がるものと思われる。2015年には8割を占めているという報道がある[6]。

　さらに問題なのは児童労働が見られることである。この事故以前から指摘されていた問題であるが、最低就労年齢である14歳未満の児童が縫製やその下働きに従事していた。ラナプラザ事件での死者や負傷者の中にも児童が含まれていた[7]。

第3節　ラナプラザ事件の経緯

　ラナプラザ・ビルはもともと4階建であり、2007年にいったん完成したが、その後無許可で5階以上を建て増し、8階建にしていた。事故当時は9階部分を建て増し中であった。しかもビルを建てる前の土地は沼地であり、「おが屑」を敷いただけの弱い地盤の上にビルを建てていた。ビルの基礎をしっかりしていなかった。オフィスやショッピング・モールにする予定であったにもかかわらず、3階以上に発電機や工業用ミシンが配置された。発電機はたびたびの停電によって操業停止をさけるためには不可欠な設備であった。しかし、一般的には発電機は地上に置かれるが、このビルでは各階に置かれていた。ところが、このビルは発

電機や工業用ミシンの振動や重さに耐えられるような設計にはなっていなかった。その結果、柱や壁に亀裂があちこちに見られ、コンクリートの破片が天井から落ちていた。このような杜撰な設計、粗悪な建設材料の利用や手抜き工事が見られるのはバングラデシュでは普通のことである。ビルの所有者であるショヘル・ラナは与党であるAL（アワミ連盟）の有力な支持者であり、当局を巻き込んで違法な増築を行い、企業と政治の黒い癒着を示す事件を引き起こす結果となった[8]。

崩壊の前日には現地の警察と郡事務所は通知を受けて、倒壊の危険性があるとしてビルへの立ち入りを禁止し、建物の閉鎖を命じた。1・2階は銀行や商店が入っていた。1階に入居していたBRAC銀行の支店は業務を停止して、顧客にもビルに近づかないように連絡した。この支店では死者や負傷者は出なかった。それ以外の商店も閉鎖していた。ところが3階以上に入居していた縫製会社の5つの工場（New Wave Style 社、Ether Tex 社、Canton Tech Apparel 社、Phantom Apparel 社、New Wave Bottoms 社）では、すぐに倒壊する危険性はないとして操業を強行し、出社しなければ賃金カットすると脅し、従業員に出社を強要した。生産が納期に遅れることを心配したからである。総勢3,000名ぐらいの従業員は建物の崩壊の不安をもち、抗議をしながらも出勤をせざるを得なかった。しかし、従業員が持ち場について30分後に、このビルは崩壊した。

この事故は世界最悪の労働災害の一つと見なされている。これより多くの死者が生じた事故は1984年インド・ボパールにおいてユニオン・カーバイドから有毒ガスが流失し2,000名以上が死亡した事件がある。これは労働災害と同時に公害問題として見られている。

これ以外にも、バングラデシュではビルの崩壊はたびたび発生していた。2004年オールド・ダッカにある Shankhari Bazar の崩壊

で 11 名が死亡した。2005 年 4 月には Spectrum Sweater Factory 社が入ったビルが崩壊し、少なくとも 64 名が死亡した。2006 年には Phoenix Garments が入居していたビルの崩壊で 21 名が死亡した。2010 年には Begun Bari で崩壊事故が起き、23 名が死亡した。

ビル火災の発生によっても死者が出ている。2010 年 12 月 24 日ダッカ県のアシュリア地区でハミームグループ（Ha-Meem）の工場で火災が起き、29 人が死亡している。このグループの所有者はバングラデシュ商工会議所連盟の会長であった[9]。企業のリーダーと言える会社でさえ労働安全面の問題があったことが分かる。2012 年 11 月にはアシュリア地区にあるタズリーン・ファッションズ（Tazreen Fashions）が入るビルが火災を発生させて 112 名が死亡した。設計が悪く、通路に物を置いており、非常口もなかった。工場の出入口は労働者の窃盗を防ぎ、定刻以外の出入りを防止するために施錠をしていたために、労働者が脱出できない状況にあった[10]。2004 年 1 月にはダッカでマンション火災があって死者が出た。これは住居用の部屋で Smart Export Garment 社が違法に工場を操業していたためである。火災による死者が発生するのは、外から鍵がかけられて原材料が持ち逃げされないようにしているためである。

以上のようにバングラデシュではビルの崩壊や火災によって労働者が死亡したり、負傷する事例が相次ぎ、ついに世界から注目を集めるほど規模の大きい労働災害を発生させた。

第 4 節　労働安全確保や事後処理問題への対応

この崩壊事件をめぐってさまざまな利害関係者が解決に乗り出した。救助された労働者、バングラデシュ政府、アパレル業者の団体、先進国のブランド企業・小売業者、国際機関、国際的 NGO、国際的労働組合などが解決を目指し、そこに国際共生を

実現する糸口を見出すことができる。特に先進国のブランド企業が委託生産を発注しているが、受注するバングラデシュの企業は複数のブランド企業の注文を受けて生産している関係になっている。これはブランド企業が単独でサプライ・チェーン・マネジメントがしにくい状況にあることを示している。そこで、部品生産工場に発注している複数のブランド企業が共同で労働環境や労働基準を調査していく方法が重複を避けることができ、無駄がない方法と考えられる。

さらに、問題点は、事故を起こした者への刑事責任や民事責任の追及をどうするのか、死傷者やその家族への補償をどうするのか、今後このような事故を起こさないためにはどうするかである。

1　労働者側の動き

救助された労働者は死亡した労働者の埋葬に携わっていたが、ダッカの周辺の工場地帯で暴徒となって暴れ始めた。ビルの崩壊によって死亡したかもしれない恐怖や同僚の多くが死亡したことでやり場のない怒りをぶつけるために、暴動が多発した。投石によって工場破壊や火炎瓶を投げて放火し、近くを走る車やバスに攻撃を加えた。出張中であった日本人がデモ隊に遭遇して、車を壊され負傷する事件も起きた[11]。そのために多くの工場が閉鎖された。

ラナプラザ・ビルに立地する工場の縫製工は労働組合を結成していなかった。従業員の30%を組織し、登録が認められなければ労働組合を結成できないことが労働法に定められていた。これは組合組織化の高いハードルとなっている。30%を超える組合員の名簿は工場主によってチェックを受けることになっているために、組合登録をする前に工場主によって解雇されたり、組合脱退を強要されたりした。これも組合結成の妨害となっていた。そこでラナプラザ・ビルに立地していた縫製工場には労働組合は結

成されていなかった。もし組合が結成されていれば、労働者の出勤を止めて、労働災害が発生することを止めることができたかもしれない。この事故の前年 2012 年にはバングラデシュ縫製産業労働連盟のアミヌル・イスラム委員長は殺害されたが、その真相はいまだに分かっていない[12]。

　縫製工の賃金であるが、最低賃金が 2010 年に月 3,000 タカ（約 4,020 円）に改定された。事故当時はこの額が適用になっていた。事故後 2013 年 12 月に月 5,000 タカ（約 7,102 円）に上がった。77% もアップになっている[13]。月 3,000 タカに残業手当も含まれた額をとることができるのは、農村からダッカに出てくる女性にとっては容易なことではない。それだけの収入を入手できる仕事を他に見つけることは難しい状況にある。ビルの崩壊によって工場は焼失し、失業を余儀なくされた。農村から出てきた多くの女性は農村に帰っていくしかなかった。

　失明、片足切断、半身まひ、神経痛などの傷害を負った労働者もおり、その治療費や慰謝料はどうなるのか。NGO である Clean Clothes Campaign は死亡者や障害を負った者への補償額として 7,100 万ドルが必要であると試算した[14]。

　ビル崩壊によって 220 の縫製工場が閉鎖され、約 15 万人もの失業者が生まれた[15]。これはビルに入居していた 5 社と取引関係があって、連鎖倒産がおきた場合や、ブランド企業からの発注が打ち切られたためである。縫製業に従事している企業は中小企業が多く経営基盤がきわめて弱い。バングラデシュには失業手当制度はなく、失業期間中の生活をどう確保するかが問題となる。5 社の従業員であった者には補償が支払われるが、連鎖倒産した企業の従業員には補償は支払われない。

　事故の犠牲者の中にはウォルマート、J.P. ペニー、The Children's Place のアメリカ 3 社に対して、ワシントン連邦地方裁判所に損害賠償の訴訟を起こした者がいる[16]。

2　バングラデシュ政府の対応

バングラデシュ政府の対策にはEUとILOが協力することを2013年7月8日に共同声明で発表した[17]。これは今後縫製業において労働災害を防止し、労働条件を向上させることや、責任あるビジネスの慣行を定着させることを目指している。事故から3か月あまりで、国際協力を実施することが合意されたことを意味する。

(i)　刑事責任の追及

バングラデシュ政府は、まずビルの所有者と工場の経営者を逮捕した。所有者は逃亡を試みたが、国境近くで逮捕された。建築基準法違反と違法に建築許可を出したことを理由に17名を起訴した[18]。最大7年の禁固刑が科される可能性がある。1993年に国際的基準に沿った内容をもつ建築基準法が制定され、2006年にJICAの協力によって改定された。しかし、それを実施する体制が整備されていなかったために、そこに付け込んで不正が行われた。違法な建築がないかどうかを検査する担当官が少ないために検査が実施される可能性が少ない。たとえ見つかったとしても刑罰の執行が賄賂によって行われないという事態が起こっている。それを見越して違法建築が横行することになる。

それとは別に40名が業務上過失致死罪で起訴された。ビルの崩壊の危険性が差し迫っているにもかかわらず、ビルは安全であると虚偽の言動によって、1,000名を超える死者を出している。これは「未必の故意」による殺人罪を問うことができる事案かもしれないが、業務上過失致死罪の刑事責任を問うている。

さらに遺族が工場主やビルの所有者を殺人の容疑でダッカ首都治安判事裁判所に訴追を求めている[19]。バングラデシュではイギリスと同様に私人による訴追を認めているからである。殺人の

最高刑は死刑である。2015 年 12 月 21 日治安判事は殺人罪での訴追を認めて審理に入ることを決定した。

(ii) 労災補償

　バングラデシュには労働法によって従業員が労災によって死亡・負傷・疾病にかかった場合に補償する制度がある。損害賠償額は企業から労働裁判所に振り込まれて、労働裁判所の決定に基づいて被害者に支払いが行われる。企業から個人的に犠牲者に支払われるのではなく、労働裁判所が介入することによって支払いを確実なものにすることが期待されている。

　労働者本人が死亡した場合、遺族に 10 万タカ、永久的障害を負う場合、12 万 5,000 タカ、一時的障害の場合、その傷害の期間か 1 年間かのどちらか短い期間に損害が支払われ、その額は最初の 2 カ月間は月額給与の全額、次の 2 カ月間は月額給与の 3 分の 2、その以降の月は月額給与の半分が支払われる。すべて一時金として支払われる。これらの額は実際に受けた損害を完全に補償する額には達していない。それ以上の損害を請求する場合は 1855 年死亡事故法（Fatal Accidents Act）に基づいて、故意や過失によって他の者を死亡に至らしめた者に対して訴訟を起こして損害賠償を請求することになる。これは制度としてはあるが、識字率が低く貧困な労働者はこれを利用することは事実上困難である。

　2013 年の労働法改正によって、100 人以上の正社員を雇用する企業はグループ保険に加入することが強制され、従業員が死亡した時に、企業は保険金を受け取り、それから遺族に保険金が支払われる（労働法 99 条）。この制度はラナプラザ事件後の改正であり、この事件の犠牲者には適用にはならない。

　さらに、バングラデシュでは労災保険制度は設立されておらず、労災が発生するたびに企業側が支払いを行っている。この場合には企業側に支払い能力がない場合には支払われないという事

態がおきる。この事故では企業は工業用ミシンや機材をほとんど失ってしまい操業の継続が困難になっている。経営基盤が弱いので、大きな事故に会えば企業再建が難しい。そこで企業から労災補償の支払を受けることが事実上できない。法律の規定はあっても絵に描いた餅になってしまう。そこでILOが中心となって別の枠組みで犠牲者への補償をせざるを得ない結果になった。さらにILOはバングラデシュに労災保険制度の導入を示唆し、そのための技術協力をも申し出ている。

(iii) 民事責任

崩壊したビルで操業していた企業はどのような対応をしたのであろうか。労災補償でカバーされない損害の第一次的な民事責任は企業が負うべきである。しかし、ビルの崩壊が引き金になって企業が倒産し、死者やその遺族、生き残った従業員への損害賠償を支払う能力を失ったと思われる。したがって、生き残った従業員はそこで働くことができず失業し、収入源を失ったと思われる。働きたくても入院を余儀なくされた者や障害を負って働けなくなった者も多くいる。

政府や一部ブランド企業からの見舞金が支払われている。政府は「首相救済基金」から見舞金が支払われた。首相は1,150万タカを寄付した。政府から1人あたり10,000タカから20,000タカが支払われたという。バイヤーであるプライマーク社から1人当たり45,000タカが支払われているが、17のブランド企業は個別に労働者に補償を支払っている[20]。

(iv) 行政措置の実施

首都開発公社は事故後、操業している縫製工場に立ち入り検査を実施し、欠陥のある工場には閉鎖を命じた。2015年3月22日段階で2,700以上の縫製工場が検査を受け、32の工場が閉鎖命令

を受けた[21]。検査に応じない工場には工業用ミシンの輸入に際しての税法上の優遇措置を得るための証明書の発行を停止した。検査の結果問題のある工場名はウェッブサイトに公開されている。その結果、労働基準を遵守している企業はおかげで仕事が増えて、失業者を雇用している。

　事故後、労働監督官を増員して2013年6月92名から2015年2月270名に増えた[22]。ILOとドイツの国際協力機関は労働監督官の訓練を実施した。残業手当の不払い、最低賃金額にも達しない賃金の支払、セクハラ、不当解雇など労働法違反をなくすための訓練がなされた。

(v) 労働法の改正

　バングラデシュ政府の対応として、2006年制定の労働法を2013年7月15日に改正した。事故が起きてから3か月で改正しており、極めて早い対応である。事故が起きる前に改正の検討がなされていたものであり、事故によって改正を早くしたと思われる。労働組合の結成促進、火災予防や建物の安全、従業員の健康確保などを定めている。

　労働組合は登録を強制されており、登録が取り消されたり、登録されない組合は労働組合とはみなされない。労働組合の結成を妨害していた「加盟する者の名簿を使用者に報告しなければならない」という規定が削除された（労働法178条3項）。改正法施行以来1年間で146の組合が結成されたという。しかし、組合結成を理由とする不当解雇はなくなっていない。縫製業での組合組織率は5%を下回っており、それを上げることは困難なようである。

　この労働法は労働安全に関する規定を詳細に定めている。これは、これまでビル火災やビル崩壊によって労働災害が発生したためである（労働法61条、64条）。人命に危害を与える危険な建物、電機設備、機械、工場についての報告を監督官に行うことを企業

に義務づける。そのうち、差し迫った危険がある場合には、監督官は機械や建物の利用を禁ずることができる。危険性を診断する有資格者を設けて、その者によるクレーン、ホイスト、リフトなどの機械の安全性や強度について定期的点検を求めている。

　火災予防として、各階の踊り場に非常口、消火器を設置しなければならない（労働法62条）。設置しない場合は労働監督官が設置を命じることができる。出口の鍵は施錠したままではなく、出口であることが分かるようにベンガル語によるイラストなどで明示しなければならない。通路は有事の場合に脱出できるように整理整頓して、通路を障害物でふさがないようにしておくこと。避難経路を明示しておき、避難訓練を定期的に実施すること。50人以上の従業員のいる事業場では避難訓練が義務づけられる。警報システムを整備しておくこと。ドアは勤務中には開錠しておき、締めてはならない。階段には手すりも設け、障害物を置かないで、有事の際には簡単に移動できるように広くゆったりとした状態にしておくことが義務づけられている。階段、通路、門などに監視カメラを設置することを勧めている（労働法72条）。

　危険な煙の発生が予想される場合には、十分呼吸のできる器具を装備し、その器具は有資格者によって点検される必要がある。器具を使いこなすための訓練が義務づけられている。爆発事故防止措置、眼球保護のための防具などの安全機器の安全性を確認するまで、何人も雇用してはならない。危険を伴う業務に関し、従業員に十分説明する義務を企業に課し、リスク回避措置を施すことを求めた（労働法75、77、78条）。爆発事故、発火事故、火事、引水事故などのよって死者や負傷者が出た場合には2日以内に労働監督官に報告する義務があり、被害拡大を避けるために政府機関、消防署、警察署、病院等に連絡することが義務づけられた。労働監督官には事故原因のために調査する権限が認められ、危険を引き起こす可能性がある場合に警告を発し、解決のために必要

な指示を出すことができる（労働法 79、80、81、82 条）。

　事故をきっかけに制度上の措置が定められたが、これらの労働安全対策が遵守されるかどうかが決め手である。事前の措置をおこなうためには費用が必要になる場合があり、中小企業でそれを支出できるかどうかが問題である。

3　発注する欧米ブランド企業の対応と国際的労働組合

　欧米のブランド企業の対応として、バングラデシュから撤退するか、労働条件や労働安全基準の遵守を監視しながら取引を継続するかの選択肢がある。

　撤退した事例としては、2012 年 11 月 24 日のタズリーン・ファッションズでの火災が起きた時、ここではウォルト・ディズニー社のブランド商品を生産していたが、このことをウォルト・ディズニー社が知らず、勝手に下請けのタズリーン・ファッションズに発注されていたので、2013 年 3 月取引を打ち切った[23]。

　それ以外の事例では後者の立場が採用されている。しかし、欧米企業は衣料品の生産委託をバングラデシュの縫製企業に行う際に、納期や品質にきびしい条件をつけるために、委託を受ける縫製企業は無理な操業におちいり、生産性を上げるために労働者に長時間労働を強いることになっている。そこで委託元の欧米企業にも一定の責任をもってもらうために、ILO、国際的労働組合であるインダストリオールと UNI グローバル・ユニオン、NGO であるクリーン・クローズ・キャンペーン（Clean Clothes Campaign）、労働者権利連合（Workers Rights Consortium）、バングラデシュの 8 つの繊維産業の労働組合が参加して、2014 年 5 月 15 日「防災・建物安全協定」（Accord on Fire and Building Safety）[24]を締結した。通称 Accord と呼ばれている。これにはヨーロッパの企業が中心となって参加している。オーストラリア、カナダ、香港、スリランカ、トルコ、日本（ユニクロ）、アメリカの企業の一部もこれに調印し

ている。合計 202 社のブランド企業が 2015 年 6 月段階で調印している。これは企業、組合、国際機関、NGO が参加して労働安全基準の遵守をはかる協定であり、バングラデシュにおいて労働安全を確保するという共通の目的のために関係するアクターが協力しあう仕組みである。これは国際共生の促進に意味のある仕組みと言えよう。

この Accord の適用対象となるのは、これに調印する（海外の）企業の製品を製造するサプライヤー（委託企業）である。三つのレベルに分類され、レベル 1 は最低 30 ％以上を製造する工場、レベル 2 は 30 ％を超えないが、長期間継続して製造する工場、レベル 3 は臨時的に注文を受けて製造する工場で、最低 10 ％を製造する工場である。運営のために調印する企業と組合から 3 名ずつ、ILO から議長を務める者を含めて 7 名からなる委員会が設置される。安全検査官を選任し、監督の要領を作成し、予算を決定し、研修のコーディネーターを任命する権限をもつ。工場には安全衛生委員会が作られ、研修コーディネーターによってレベル 1 の工場で研修が行われる。これらの活動の費用のために調印企業は寄付を求められ、年間最大 50 万ドルが目標となっている。

安全検査官は 2 年間ですべての工場を検査するよう努める。検査の結果、安全基準に達しない場合、工場に是正措置を求める。検査の結果は公表される。工場が崩壊の危機にあると判断された場合は、操業を中止して、労働者を避難させ、最長 6 カ月分の給与を企業側が支払わなければならない。労働者側が危険と判断する合理的理由がある場合には、就労を拒否することを認める。サプライヤーが安全対策を実施しつつ利益が出るような単価の交渉を行うことを調印企業に求めている。

この Accord はブランド企業と国際的労働組合が共同で定めた協定であり、しかも紳士協定ではなく、紛争があった場合には裁判所の判断を仰ぐことになっており、法的強制力をもっているき

わめて珍しい事例である。ブランド企業は企業の社会的責任としてサプライ・チェーン・マネジメントに対応しようとしていることが窺えるし、国際的労働組合はグローバル枠組み協定の延長線上にこのAccordを位置づけることができよう。ブランド企業からの委託を受ける企業は複数のブランド企業からの委託を受けており、ブランド企業1社単独でサプライ・チェーン・マネジメントを実施しにくい状況になっている。しかも、ブランド企業はお互いに競争関係にある。そのことを前提の上で、この協定によって協力して労働災害をなくしていく努力をすることに合意をしたものと思われる。国際的労働組合にとっても個別企業ごとに対応しないで、委託先すべての企業の従業員を保護の対象とすることに意味がある。両者の異なる狙いが労働安全問題で合意がなされたものと見ることができよう。

しかし、問題が複雑になっているのはもう一つ別の協定（Alliance）が締結されていることである。国際的労働組合が参加する協定に加入していることと、Accordの中に裁判での紛争処理が定められていることに問題を感じ、ウォルマートを中心とするアメリカの衣料小売業の企業がこの協定に調印している。2015年6月段階で26企業が調印している。これはAccordとは違い、企業側によって調印され、労働組合は加入していない。この中には、ラナプラザ・ビルに入居していた縫製会社に発注していなかったブランド企業も加入している。さらにBRAC銀行やアメリカアパレルスポーツ衣料協会、カナダアパレル協会など7つの団体が支援している。Members of Agreement of The Alliance For Bangladesh Worker Safety, Inc[25]という名称の協定である。通称Allianceと呼ばれている。

調印企業からの寄付や第三者からの寄付によって基金を設立し、その基金を使って従業員や管理職への労働安全衛生教育、企業の検査を実施するものであるが、そのために訓練計画や統一した検

査基準を作成し、資格をもつ検査者を任命している。検査者による検査結果は公表して透明性を高めるとともに、検査結果によって工場の労働安全基準に違反している箇所を直し、その費用を基金から援助する仕組みになっている。

　Alliance の特徴は、防火や労働安全基準を遵守していない工場への注文の発注を禁止することを明記し、サプライ・チェーン基準を調印企業が遵守することを求めている。そのために委託生産を行う企業内部の対策を審査し、リスクを減らすための「最もよい行動」とは何かを他の調印企業と共同で探っていくことを明記している。安全対策を講じるのはサプライヤー側であり、ローンの支援だけを実施し、企業閉鎖中の場合には労働者に半額の賃金補償をしている。安全対策を講じないサプライヤーとは委託生産の契約を打ち切ることを明記している。しかし、訴訟が多いアメリカの現状から、そこから生じる損害賠償責任を負わないことを定めている。

　Accord による検査と競合しないように別の工場で Alliance による検査を実施している。この二つの協定が存在することによる問題点はなにかが問われるであろう。特に、Accord も Alliance も労働安全基準を遵守していないことを理由に企業が閉鎖された場合、労働者の失業が増加するという問題をもっている。それをどう解決するのかが問題である。

4　国際労働機関の支援

　ILO は 1998 年中核的労働基準についての宣言を採択し、結社の自由、児童労働の廃止、強制労働の廃絶、雇用における差別禁止の4分野の ILO の 8 つの条約を、たとえ批准をしていなくても遵守することを定めた。しかし、労働安全衛生基準の遵守はその中には含まれなかった。総会で過半数以上の賛成票を得るために、落とさざるを得なかったためである。最低賃金の遵守ととも

に、労働安全衛生基準の遵守は重要な労働条件ではあるが、中核的労働基準の中には含まれなかった。したがって、この宣言は妥協の産物として成立したものである。しかし、ILO が労働安全衛生基準の遵守をないがしろにしているわけではない。ラナプラザ事件によって犠牲となった労働者の救済に乗り出したのは、そのことを示していると思われる。

ILO が中心となって犠牲者救済のために 2013 年 10 月ラナプラザ調整委員会（Rana Plaza Coordination Committee）が組織された。これにはバングラデシュ労働雇用省、バングラデシュ衣料製造業・輸出業協会、バングラデシュ使用者協会、インダストリオールバングラデシュ支部、全国労働者教育協議会、インダストリオールと UNI グローバル・ユニオン、ブランド企業として EL Corte Ingles, Loblaw, Primark, 非政府組織としてバングラデシュ労働問題研究所、NGO として Clean Clothes Campaign が参加している。2014 年 1 月に「ラナプラザ信託基金」を作り、あらゆる企業、組織、個人からの寄付を受け付けている。基金は 4,000 万ドルを目標としているが、2015 年 6 月に 3,000 万ドルを集めることができた[26]。

第 1 回目の支払いは 2014 年 4 月 20 日から 24 日の間に、総額 200 万ドルが支払われた。1 人あたり約 650 ドルが支払われた[27]。ILO はラナプラザ補償計画（Rana Plaza Compensation Scheme）[28]を作成して、それに基づいて支払われた。

バングラデシュ政府と ILO は縫製業における労働条件改善のために Better Work Programme[29] を 2013 年 10 月に立ち上げた。もともとこのプログラムは ILO と国際金融公社が共同で始まったものである。今回は 3 年半の期間で 2,400 万ドルの予算で実施することになっている。これにはスイス、アメリカ、オランダ、英国、オーストラリアが資金協力をしている。先に述べた Accord によって ILO は防災・建物安全協定の実施に関わっているが、

5　日本側の対応

　日本はラナプラザ事件にどう対応しているのであろうか。衣料品を扱う日本企業は 10 数社がバングラデシュにも進出しており、この事件は無縁の出来事ではない。しかし、日本企業はバングラデシュで労働条件や労働安全基準を遵守するために積極的にリーダーシップを取るという動きは見られなかった[30]。

　日本の国際協力としてバングラデシュに「自然災害に対応した公共建築物の建設・回収能力向上プロジェクト」を 2011 年 3 月から実施している。これはサイクロン、洪水、地震の多いバングラデシュで、耐震構造をもった建物が少ないことを考慮して、政府職員の耐震設計・施行能力を向上させる技術協力プロジェクトとして実施している。それだけでなく、ラナプラザ事件をきっかけとして、生産施設の入っている建物でも構造上問題が多いので、それの安全強化も必要と判断された。そこで、住宅公共事業省公共事業局が JICA 専門家の支援を受けながら縫製工場の耐震診断をして、建て替えに必要な工事に長期低金利融資の提供、縫製工場の労働環境の安全性を高めるプログラム「縫製産業の労働環境改善支援プログラム」を立ち上げている[31]。融資は「中小企業振興金融セクター事業」を利用して約 10 億円の予算をつけている[32]。

　バングラデシュに繊維関係の事業で進出している日本企業は 10 数社であるが、その中で最も有名なのがユニクロである。ユニクロは中国での生産によるリスクを分散化するために、2008 年中国の会社と共同で現地法人を立ち上げて、バングラデシュでの生産や部品の調達を開始した。2010 年にグラミン銀行と提携して「グラミンユニクロ」という合弁企業を立ち上げて、貧困層

向けの安い衣料の生産に乗り出した。これはソーシャル・ビジネスという位置づけになっている。2014年4月からは「Factory Worker Empowerment Project」をアメリカのNPOであるBusiness for Social Responsibilityと共同で、ユニクロの製品を生産している工場の女性従業員に栄養学や妊娠・出産時の衛生・健康管理、家計管理などのライフスキルを習得する支援を実施している[33]。Accordには2013年8月に署名をし、自社の縫製工場の安全管理をおこない、問題がある場合には改修費用を負担することになっている。

第5節 むすび

 ラナプラザ・ビルが崩壊して、縫製工場の存立基盤を失う事態に陥った。企業は多くの死者と負傷者に対して損害賠償を支払う能力がない。労働災害補償制度はあっても、それが保険化されていないために、事故が発生するたびに自己資金で支払わなければならないが、中小企業で経営基盤の弱い企業では、それを支払う能力がない。さらに今後労働災害の発生を予防する必要があるが、それへの対応能力も十分に持ち合わせていない。縫製工場で働いていた労働者で生き残った者のほとんどは失業したが、失業手当制度のないバングラデシュではたちまち生活困難に陥った。死亡した者の遺族は貯えもなく生活困窮者にならざるを得なかったし、障害を負った者も再就職は困難であり、生活維持が難しくなってきている。

 バングラデシュ国内で最低賃金を上げたり、労働法改正によって労働組合の結成促進を図ったり、労働安全衛生基準を明記したり、それなりの努力を果たしているが、それだけでは不十分であり、国際的な支援が不可欠であった。

 そこで国際機関、国際的NGO、国際的労働組合は救済活動に

乗り出した。その中心は委託生産を発注していた欧米のブランド企業であり、他の国際組織と共同で救済の仕組みを生み出した。サプライ・チェーン・マネジメントの責任を果たすという企業の社会的責任を根拠に、ブランド企業が賠償の支払いや、今後の労働安全体制の維持に乗り出すことになった。それは複数のブランド企業が委託生産をしており、1社だけで対応することは非効率的であるが、お互い競争関係にありながらも、関係するブランド企業が一緒になってサプライ・チェーン・マネジメントを行うことに意義がある。さらに、ラナプラザ・ビルに入居していた縫製会社に発注しているブランド企業が加入しているだけでなく、発注していなかったブランド企業も加入していることも注目される。以上のことから、この協定は将来国際共生の一歩となる可能性をもっていると言えよう。このような協定が結ばれているのは、世界の中で、これだけである。その意味では画期的な試みである。

　しかし、AccordとAllianceという二つの協定が締結されたことに、国際共生の難しさを見ることができよう。ILOと国際的労働組合はAccordだけに関わり、Allianceには関わっていない。Allianceはアメリカの企業だけが参加している。アメリカの企業の代表としてWalmartが指導力を発揮しているが、ここは労働組合が結成されておらず、むしろ労働組合を毛嫌いしていることで有名であり、Accordに国際的労働組合が参加していることと、結社の自由を最も重視しているILOが参加していることを嫌っている。これは同じ目的をもちながらも、お互いに優位性を主張しあい、国際共生のために一本化できない背景が存在している。

　労働安全基準を遵守できない企業は基準を遵守するために設備投資をしなければならない。その費用を借りるか、ブランド企業から支援を受けることができれば可能であろうが、それができない場合には企業閉鎖せざるを得ない。そうなれば失業者を増やすという問題を生み出す。工場閉鎖により失業する者への補償が不

可欠であり、そこまで国際共生や国際協力の対象としなければ、バングラデシュの縫製業に従事する労働者の救済にはならない。

　日本企業は積極的にバングラデシュの労働安全基準作りのリーダーとして働くことはやっていない。生産を委託している工場では労働安全基準の遵守に心がけているが、それをバングラデシュ全体で実施できるようにリーダーシップを発揮することはしていない。欧米の企業がリーダーシップを発揮し、日本企業はそれに従うという従来通りのスタンスが見られる。

注

1　Syed Samiul Basher, "Rana Plaza victims await compensation", http://en.ntvbd.com/bangladesh/3559/Rana-Plaza-victims-await-compensation.

2　山形辰夫「繊維・アパレル」村山真弓・山形辰夫編『知られざる工業国バングラデシュ』アジア経済研究所、2014年、85頁。

3　「ネックスト11」はアメリカ投資会社ゴールマン・サックスのエコノミストであるジム・オニールによって2005年に主張された。バングラデシュの他に、イラン、インドネシア、エジプト、トルコ、ナイジェリア、パキスタン、フィリピン、ベトナム、メキシコ、大韓民国が含まれている。

4　南出和余「ヴェールを脱いでみたけれど―バングラデシュ開発と経済発展の中の女性たち」福原裕二・吉村慎一郎編『現代アジアの女性たち―グローバル化社会を生きる』新水社、2014年、203頁。

5　長田華子『バングラデシュの工業化とジェンダー―日系縫製企業の国際移転』御茶の水書房、2014年、145頁。

6　「ラナプラザ以降も続く低価格競争のなか、縫製工場の搾取的労働は今も続いている」。http://activist.socialcultures.org/archives/342

7　"Bangladesh's Rana Plaza tragedy lives on for the child workers who survived", http://www.telegraph.co.uk/news/worldnews/asia/bangladesh/10783733/Bangladeshs-rana-plaza-tragedy-lives-on-for-the-child-workers-who-survived.

8　村山真弓・山形辰夫「新産業芽吹くバングラデシュ」、村山真弓・山形辰夫編『知られざる工業国バングラデシュ』アジア経済研究所、2014年、38頁。

9　山形辰夫「バングラデシュ縫製業―ラナ・プラザ崩壊の影響と先進国アパレルの対応」『繊維トレンド』103号、11・12月、2013年、53頁。

10　村山真弓・山形辰夫・前掲論文、37頁。

11　「ザハールの悲劇―人災は何故繰り返されるのか?」http://

ikeikeyouchirou.blog.fc2.com/blog-entry-106.html. この労働者が暴動という形で意思表示することを乗り越える方法を提案する文献として、池田洋一郎『バングラデシュ国づくり奮闘記』英治出版、2013 年、154 頁。

12 労働組合の結成を促進して団体交渉によって労働安全基準の遵守を図ることを提案する文献として、Committee on Foreign Relations United States of America, Worker Safety and Labour Rights in Bangladesh's Garment Sector, U. S. Government Printing Office, Washington, 2013. この中でアミヌル・イスラムの死亡の真相を探るべきと主張している。さらに結社の自由が遵守されないのであれば、アメリカ政府はバングラデシュに一般特恵関税制度を認めるべきでないことを示唆している。

13 国際労働財団メールマガジン「バングラデシュの最低賃金 77% 引き上げ」。http://www.jilaf.or.jp/mbn/2014/224.html および http://www.cleanclothes.org/livingwage/bangladesh-minimum-wage

14 Clean Clothes Campaign, "More than 54 million euros compensation demand for victims Rana Plaza", http://www.cleanclothes.org/news/2013/05/13/more-than-54-million-euros-compensation

15 Serajul Quadir "Up to 150, 000 Bangladesh workers lost jobs after Rana Plaza safety overhaul", http://www.reuters.com/article/2015/04/25/us-bangladesh-ranaplaza-idSKBN0NG0

16 "Victims of Bangladesh Rana Plaza factory collapse sue Walmart, JC Penny, Children's Place in US court", http://business-humanrights.org/en/victims-of-bangladesh-rana-plaza-factory-collapse

17 "Joint Statement: Staying engaged: A Sustainability Compact for continuous improvements in labour rights and factory safety in the Ready-Made Garment and Knitwear Industry in Bangladesh", http://www.industriall-europe.eu/database/upload/pdf/BanglaEUcompact1.pdf#search='rana+plaza%2c+joint+statement+staying+engaged'

18 "Bangladesh accuses 17 over Rana Plaza factory collapse which killed over one thousand", http://www.abc.net.news/2014-06-16/bangladesh-accuses-17-over-factory-collapse

19 Amy Yee " Two Years After Rana Plaza, Are Bangladesh's Workers Still at Risk", http://www.thenation.com/article/ 207841 /two-years-after-rana-plaza-are bangladeshs-workers-still-at-risk?

20 「ラナプラザ以降も続く低価格競争のなか、縫製工場の搾取的労働は今も続いている」。http://activist.socialcultures.org/archives/342

21 ILO Bangladesh, "Newsletter---April 2015", p.1

22 ILO Bangladesh, "Newsletter---April 2015", p.2

23 " We Won!! Rana Plaza workers get compensation", http://www.cleanclothes.org/

news/2015/06/08/we-won-rana-plaza-workers-get-full-compensation

24 Accord の条文は http://www.bangladeshaccord.org/wp-content/uploads/2013/10/the-accord.pdf, その内容を紹介している文献として池田洋一郎（2013）、151-154頁、国際労働財団メールマガジン「バングラデシュで歴史的な安全協定締結」。http://www.jilaf.or.jp/mbn/2013/177.html

25 Alliance の条文は http://usas.org/wp-content/blog.dir/1/files/20123/3/07/WMT-GapPlan-released.pdf

26 国際労働財団メールマガジン「バングラデシュ、ラナプラザ犠牲者への補償金が不足」。http://www.jilaf.or.jp/mbn/2015/300.html および United Nations News Centre, "UN-backed fund reaches $30 million target to compensate victims of Bangladesh factory collapse", http://www.un.org/apps/news/story.asp?ID=51100

27 Human Rights Watch, *Whoever Raises their Head Suffers the Most---Workers' Rights in Bangladesh's Garment Factories*, 2015. http://www.hrw.org/sites/default/files/reports/bangladesh0415_web.pdf

28 International Labour Organization Social Protection Department ed., *Bangladesh Rana Plaza Compensation Scheme*, ILO/TF/Bangladesh/R1, 2015 http://www.social-protection.org/gimi/gess/RessourcePDF.action+jeseeionid=6e

29 ILO の Better Work Program は各国の主要産業における労働条件向上を目指して実施されるプロジェクトである。これまでカンボジア、ベトナム、ニカラグア、レソト、ヨルダン、インドネシア、ハイチで実施されてきた。カンボジアについては香川孝三「ILO のカンボジア工場改善プロジェクト」『季刊労働法』230号、2010年9月、167頁。

30 山形辰夫・前掲論文（2013）、54頁。

31 外務省『日本の国際協力 2014 年版』株式会社文化工房、2015年、116頁。

32 「バングラデシュ縫製工場の耐震化に技術協力と 10 億円の資金援助。」http://www.jica.go.jp/press/2013/20131003_01.html

33 「ユニクロ、バングラで収益の一部を女性教育に」。http://www.alterna.co.jp/15040

第7章
「環境安全保障」における持続可能な開発

西井正弘

第1節　はじめに

　地球規模の環境政策は、一方では経済を発展させながら、他方では地球の生態系を維持するという両立しがたい課題に直面している。この課題に対して、登場した「持続可能な開発」(sustainable development) が、「環境安全保障」(environmental security) といかなる関係を有しているかを検討することによって、21世紀における新たな安全保障概念の進展の可能性を明らかにしていきたい。

　1946年1月、ロンドンで開催された国際連合（以下、国連）第1回総会において、イギリス首相アトリー (Clement Atlee) は、「国連の最終目標は単に戦争をなくすことではなく、安全と自由を創造することである」と述べていた[1]。そこには、第2次世界大戦の惨禍からようやく人々が解放されて、将来の期待と希望が感じられる。国家間の平和だけでなく、国際社会を構成する人々にとっても、人権の優位や、最大多数の利益が確保されることも、この国連という国際組織に期待されていた。

　しかし、発足後間もなく冷戦が始まり、国連は一部の地域紛争の調停には成功するものの、地域紛争を止める力はもち得なかった。国連は、国家間の安全保障をめぐって、米ソ両陣営の対立で、機能マヒに陥ることも少なくなかった。

　1960年代に、旧植民地であった新独立国が大量に国連に加盟すると、これら開発途上国の「開発」を促進することととも

に南北間の経済格差の是正を目指した「新国際経済秩序」(New International Economic Order; NIEO) の形成が国連の場で強く求められた。その主張を盛り込んだ「諸国家の経済的権利義務に関する憲章」(経済権利義務憲章) が、国連総会で採択されたのは、1974年12月12日のことであった (総会決議3281 (XXIX))。この憲章では、「環境保全」について、「現在及び将来の世代のために環境を保護し、保全し改善することは、すべての国家の責務である」(第30条) とされ、「海底資源開発」(第29条) とともに、「第3章 国際社会に対する共通の責任」の中に規定されていた。しかし、経済権利義務憲章の主たる関心は、環境保全というよりも開発途上国における「開発」の実現にあったと言えよう。

　他方、先進諸国においては、1960年代に、北欧諸国で、英国や中欧諸国からの工場煤煙による酸性雨の被害が増加していた。酸性雨問題が深刻化していたスウェーデン政府の働きかけにより、1968年12月6日の国連総会において、人間環境に関する会議の開催が正式決定された。1972年にストックホルムで開催された「国連人間環境会議」(United Nations Conference on Human Environment; UNCHE) は、ソ連圏諸国を除き[2]、中華人民共和国を含む114ヵ国が参加する初の環境に関する国連主催会議であった。環境主義者やNGOsは、公式会議とは別の会合を開催し、そこに集まってきた反捕鯨活動家は、商業捕鯨の禁止を会議で採択させることに成功した[3]。他方、ストックホルム会議の隠されたテーマは、ベトナム戦争における米軍の枯葉剤使用問題であった。

　ストックホルム会議において1972年6月6日に採択された「人間環境宣言」は、法的拘束力のない宣言ではあったが、環境保護の必要性と開発途上国における開発の必要性との調和を謳い、26の原則を掲げている。人間環境宣言は、Ⅰ　宣言と、Ⅱ　原則の部分に分かれているが、その宣言部分で、途上国における環境問題の大部分が低開発 (under-development) から生じていること、

したがって、「開発途上国は、自国の優先順位と環境を保護し改善する必要性を考慮に入れて、その努力を開発（発展）に向けなければならない」（宣言4項）とし、更に、歴史の転換点に到達したという文言から始めて、環境の質の向上に言及し、「現在及び将来の世代のために人間環境を保護し改善すること」が、人類にとっての至上の目標、すなわち平和及び経済的、社会的発展とともに、またこれらの目標との調和のもとに追求されるべき目標である（宣言6項）とされた。

人間環境宣言とともに、「人間環境のための行動計画」109項目も採択され、地球が直面する環境上の危機に対して、諸国家は一致して次世代に対し保全され保護された環境を引き渡す、その第一歩を踏み出したのである。またストックホルム会議が育んだものが、開発途上国における環境運動であり、軍事独裁政権に対する抗議であり、また基本的人権や環境と経済の公正さの要求でもあった[4]。

しかし、1973年第4次中東戦争における「石油戦略」の発動と、1979年のイラン革命によって、2度の石油危機が発生しエネルギー危機と経済の停滞により、地球環境問題は、アメリカをはじめ先進諸国家の中心的な関心ではなくなった。1970年代、先進国は国内環境法の整備や国内での環境政策の実施によって、公害問題に対して格段の改善が見られるようになった[5]。他方、開発途上国においては、一次産品の価格の下落によって、その農民や漁民は、生産を増やそうとし、過剰な耕作や漁労を行い、その結果土壌の劣化や漁業資源の枯渇を引き起こし、人々は土地を捨てて都市に流れていった。

今日の地球規模の環境政策は、一方では経済を発展させながら、他方では地球の生態系を維持するという両立しがたい課題に直面している。この課題に対して、「持続可能な開発」（sustainable development）という概念が登場したのであるが、その実現可能性

を検討することで、21世紀環境分野における新たな安全保障概念との関係を明らかにしていきたい。

第2節　「持続可能な開発」概念の成立

1　環境に対する脅威の政治的表明

(a)　1988年のソ連首脳による国連演説

1988年9月の国連総会におけるソ連のシュワルナゼ外相の演説は、地球規模の環境の脅威を、核兵器や宇宙兵器の脅威に匹敵する脅威であるとして、環境安全保障のための国際的枠組みを作るように提唱した。また同年12月の国連総会における、ゴルバチョフソ連共産党書記長（最高会議議長）の演説では、「世界経済の再構築と環境保全」を伴う秩序を謳い、環境に対する脅威と第三世界の貧困が、人間社会全体に対する脅威であるとして、繰り返し警告を発した。

これらの演説の評価は、ゴルバチョフの目指したソ連の経済・社会体制の「ペレストロイカ」（再建・建て直し）を実現するために、資本主義先進諸国に対してもその経済政策の見直しを求め、さらには第三世界の支持を得ようとする意図もあったが、ソ連社会の経済体制や政治改革を実現するための、新たな安全保障観の主張でもあった。また同時に、米ソ冷戦の終焉による国際政治の枠組みを転換し、地球環境問題を主題化しようとする試みの一環でもあった[6]。

(b)　先進国首脳会談（G7アルシュ・サミット）における経済宣言

ソ連首脳のこのような発言に対抗するように、1989年7月21日、パリで開催された先進7ヵ国首脳会談（G7アルシュ・サミット）は、その採択した経済宣言において、この年の世界の経済情勢には三つの主要な課題があるとし、①均衡の取れた持続的成長・インフ

レの抑制・雇用の創出・社会正義の増進に必要な措置の選択と実施、②開発途上国の発展及び世界経済への一層の統合、と並んで、③「将来の世代のために環境を保護する緊急の必要性」を挙げ、オゾン層の破壊や気候変動をもたらしうる温室効果ガスの過剰排出等、環境に対する深刻な脅威が科学的研究により明らかにされ、環境保護のためには、「断固とした協調的な国際的対応を行うこと及び持続可能な開発に基づく政策を世界的規模で早急に採用すること」が求められる（2項）と、述べていた[7]。経済宣言の中で、「環境」と題された地球環境に関する項目が、全体の3分の1（33～51項目）以上も存在したことが、アルシュ・サミットの特徴であった。

(c) 国連総会決議による地球サミットの開催

1989年12月22日、国連総会決議（44/228）によって、1992年の環境と開発に関する国連会議（United Nations Conference on Environment and Development; UNCED, 地球サミット）の開催が決定された。1992年6月に、ブラジルのリオ・デ・ジャネイロで開催された「地球サミット」は、「環境と開発に関するリオ・デ・ジャネイロ宣言」（リオ宣言）と同宣言の諸原則を実施するための行動プログラムとして「アジェンダ21」を採択した。同会議では、先進国と市場経済移行国に温室効果ガス（GHGs）の排出抑制を求める国連気候変動枠組条約（United Nations Framework Convention on Climate Change; UNFCCC）と、生物多様性の保全、遺伝資源の利用から生じる利益の公正かつ衡平な配分を目指す生物多様性条約（Convention on Biological Diversity; CBD）の署名と、森林の管理、保全及び持続可能な開発に関する「森林原則声明」の採択も行われた。

2 「持続可能な開発」概念の起源

「持続可能な開発」概念は、いくつかの起源を有する用語であ

る。

　第一に、直接的な起源ではないが、1980年世界自然保護連合（IUCN）が、「世界保全戦略」（World Conservation Strategy）を発表し、種の多様性の保存、重要な生態系と生物維持システムの保全、生物資源の持続可能な方法による利用を求めた。
「持続可能な利用」（sustainable use）という考え方は、林業[8]や漁業をはじめとする生物資源の保全において従来から認められてきた用語であり、1992年の「生物多様性条約」の第2条における定義では、「持続可能な利用」とは、「生物の多様性の長期的な減少をもたらさない方法及び速度で生物の多様性の構成要素を利用し、もって、現在及び将来の世代の必要と願望を満たすように生物の多様性の可能性を維持すること」と定義されている。この用法には、「持続可能な開発」の文言は存在しないが、「生物資源の持続可能な方法による利用」という考え方は、「持続可能性」という概念を含んでおり、「持続可能な開発」と関連性を有している。ラムサール条約第3条の「賢明な利用」（wise use）も、1980年の「南極の海洋生物資源の保存に関する条約」第2条にいう南極の海洋生物資源の保存（conservation）に含まれる「合理的な利用」（rational use）も、ともに「持続可能性」概念を含んでいる。

　第二に、1972年の人間環境宣言（ストックホルム宣言）のⅡ原則の部の原則1で、「人は、尊厳と福祉を維持するに足りる質の環境で、自由、平等及び十分な生活水準を享受する基本的権利を有するとともに、現在及び将来の世代のために環境を保全し改善する厳粛な責任を負う」とされたことである。ここには、「持続可能な開発」概念につながる、生活の質の享受と「現在及び将来世代のための環境」の保全と改善の責任という、「共通の確信」が表明されている。原則8では、「経済的及び社会的発展は、人にとって好ましい生活環境……を確保し、かつ生活の質の改善に必要な条件を……作り出すために、不可欠」であると述べられ、ま

た途上国の開発のために、援助が必要であること（原則9）、開発の必要性と環境の保護と改善のため総合的で調和のとれたアプローチをとること（原則13）、両者の間の矛盾を解決するため合理的な計画立案が不可欠であること（原則14）と規定されただけであって、環境と開発の関係については、抽象的な見解の表明にとどまっていた。この人間環境会議は、主として先進国の公害問題について討議することが目的であり、開発問題について十分な議論がなされなかったためであった。

1982年5月に、国連人間環境会議開催の10周年として、UNEP管理理事会特別会合がナイロビで開催された。このナイロビ会合では、環境の保全と途上国の開発問題が取り上げられたが、先進国と途上国の対立が顕在化し、前者は環境保護を優先させるべきとしたのに対して、途上国は環境を優先しても開発に制約を及ぼすべきではないとした。ナイロビ会議において、日本政府が提案し、後に国連総会決議に基づいて設置されたのが、有識者による「環境と開発に関する世界委員会」（World Commission on Environment and Development. 通称「ブルントラント委員会」）である。

第三に、そして、「持続可能な開発」概念の最も直接的な起源として考えられているのは、1987年に「環境と開発に関する世界委員会」（ブルントラント委員会）が発表した報告書 *Our Common Future*（『我ら共通の未来』）である[9]。この委員会の議長を務めたブルントラント（Gro Harlem Brundtland）は、報告書の「はしがき」の中で、国連総会からこの委員会が策定することを求められたのは、「変革のための地球規模の課題」（'A global agenda for change'）であって、その中に「2000年までに及びそれ以降に、持続可能な開発（sustainable development）を達成する長期的な環境戦略を提案すること」が掲げられていた[10]。報告書第2章の結論部によれば、「持続可能な開発とは、資源の開発、投資の方向、技術開発の方向づけ、制度の変革のすべてが調和し、人間のニーズと切望を

満たすための現在および将来世代の潜在能力（both current and future potential）を高める変革の過程」であるとしている[11]。1992年の「環境及び開発に関する国際連合会議」（United Nations Conference on Environment and Development; UNCED, 地球サミット）の「環境及び開発に関するリオ宣言」（Rio Declaration on Environment and Development, リオ宣言）の、原則3と原則4は、ブルントラント委員会の結論を次のように示している。

> 原則3　開発の権利（right to development）は、現在及び将来の世代の開発上の及び環境上のニーズを衡平に満たすことができるよう実現されなければならない。
> 原則4　持続可能な開発（sustainable development）を達成するため、環境保護（environmental protection）は開発過程の不可分の一部を構成し、それから切り離されてはならない。

「持続可能な開発」の理念を国連文書で明確に述べたのは、リオ宣言の原則1であり、「人（Human beings）は、持続可能な開発にとっての関心の中心にいる。人は、自然と調和した健康で生産的な生活（healthy and productive life）を営む権利を有する」と、自然と調和した生活が、持続可能な開発と密接な関係を有することに言及がなされている。

第四に、1990年には、国際商工会議所（ICC）が、『持続可能な開発のための企業憲章』を採択し、スイスの企業家シュミットハイニー（Stephen Schmidheiny）が創設した「持続可能な開発のための経済人会議」（Business Council on Sustainable Development）は、1992年にその報告書『チェンジング・コース』[12]を発表した。この報告書では、持続可能な経済成長の条件を生み出すため、資本の使い方を広範に変え、環境を守るために国内的・国際的な強い規制を求めている。さらに、将来（未来）世代の必要をも考えること

を求めており、会計年度ごとの利益の追求とは異なる課題を提示している。

第3節　環境に関する新たな安全保障の考え方

1　伝統的安全保障から現代の安全保障概念へ

そもそも「安全保障」(security) とは、脅威が存在しないこと（脅威の不在）、あるいは脅威からの自由を意味する一般的概念であり、「行為主体が、獲得した価値を、それを剥奪しようとする脅威から、独自にあるいは他者との協力によって守る」政策的概念でもある[13]。従来、国際関係において中心的行為主体は「国家」であったため、自国の領土や独立などの「国益」を他国からの「軍事的脅威」に対して、主として自国の「軍事力」若しくは同盟国との同盟関係・協力関係により「防衛」することが、「国家の安全保障」(national security) の中心的テーマであった。

現代の安全保障概念は、「主体」においても、「守るべき価値」についても、「脅威の性質」についても、他国との「協力関係」（方法）についても、多元化している。この点について、国際関係論者の認識は、概ね一致しているように思われる。第一に、「国際関係の主体」は、国家が依然として中心的な主体[14]であることに変わりはないが、行為主体は、国際機構、多国籍企業を中心とする企業、非政府組織（NGO）や個人にまで拡大している。第二に、「守るべき価値」についても、国家の構成要素が多元化・複雑化して、「国益」の概念も拡大している。「地球益」や「人類の利益」をもち出して論ずる場合もある。第三に、「脅威の性質」は、価値の多元化に伴い、国家による軍事力の行使という伝統的脅威のみならず、非伝統的脅威（国際テロリズム、大規模自然災害、経済・金融危機、環境破壊や伝染病などの国際保健衛生問題など）にまで拡大している。第四に、安全保障を実現する方法としての

「協力関係」も、伝統的国家間協力にとどまらず、協力主体も多様化し、協力形態も、軍事的協力関係（同盟関係）や国家を拘束する条約の形成のみならず、非軍事的協力や拘束力を有しない制度や規範の形成も、各分野ですでに認められている現象である。

環境問題が、国家（特に先進国）の国内問題であった1960年代以前と、地球規模の環境破壊に対して、「地球環境問題」との認識が形成される1970年代以降において、環境を安全保障の観点からとらえるようになった事象を検討していきたい。

2 「環境安全保障」概念の登場

現代の「環境安全保障」(environmental security) という考え方は、1960年代及び70年代の環境運動から形成されてきたものと言われている[15]。「環境問題」の範囲について、広くとらえる研究者も存在するが、一般的には、人間の活動が原因となって自然環境に損害を与え、その結果人類の生命財産に損害を与えることを、「環境問題」であるととらえており、地震や噴火のような自然災害は「環境問題」ではない[16]。環境と安全保障の関係については、ベトナム戦争における枯葉剤の使用や核戦争のもたらす環境破壊の予想などから、戦争こそが環境問題の原因でもあると認識されるようになった[17]。

1987年に、環境と開発に関する世界委員会（ブルントラント委員会）により、発表された報告書『我ら共通の未来』(Our Common Future) では、「平和と安全保障問題の特定の側面が、持続可能な開発の概念と直接に関係して」おり、また「環境の不安定さ (environmental insecurity)」に対して、軍事的な解決はあり得ない、と述べられている[18]。「伝統的に理解されてきた安全保障の全体的な概念は、すなわち国家主権に対する政治的及び軍事的な脅威として理解されてきたけれども、環境に対する負荷 (environmental stress) の増大を含めるように、国内の地域、国家、世界の一部の

地域及び地球規模にまで拡大されなければならない[19]」とされ、環境に対する負荷が、安全保障と関連するとの認識がここに登場したのである。

3 「環境安全保障」政策の登場

アメリカの安全保障政策に、環境安全保障の概念が導入されるのは、冷戦終了後、1990年代になってからである。1991年8月1日に、ブッシュ政権が策定した「国家安全保障戦略」（National Security Strategy）[20]の中に、環境安全保障の概念が導入された[21]。その後を継ぎ、「経済安全保障」を優先課題として掲げたクリントン政権の下でも、環境問題が、国家安全保障文書の中で、より大きな割合を占める問題としてその謳い文句となった[22]。しかし、フロイド（Floyd, R.）によると、環境安全保障政策（environmental security policies）に関するクリントン政権の道徳的・実際的価値に対しては、大いに疑問が投げかけられており、かかる政策の真の受益者は、アメリカ市民なのか、それとも国家安全保障の既得権者（establishment）なのかと述べて、後者を示唆している[23]。

第4節　環境安全保障と持続可能な開発との関係

1　環境安全保障の捉え方

環境安全保障における「脅威」については、二つのとらえ方が可能である。第一は、環境の悪化が人々の生存を脅かす「直接的脅威」に注目する考え方である。第二は、環境の悪化が、国家間紛争や国内紛争を激化させ、安全保障上の脅威となる「間接的脅威」の側面に着目する見方である。

エリオット（Lorraine Elliott）は、先行研究によって、環境安全保障を2つのアプローチに分け、第一の「環境と安全保障」アプローチは、「環境政治学の軍事問題化」であるととらえている。

第二の「環境の安全保障」アプローチは、「安全保障の非軍事問題化」であるととらえている[24]。

前者においては、国家間戦争や暴力を通じた国家の安全保障に対して、脅威となる環境破壊の種類を特定化することである、とする[25]。すなわち、環境破壊が、どのようにして国内的・国際的な安全保障に関する脅威となりうるかを探求するものである。

後者では、環境破壊のような非軍事的脅威が、伝統的な軍事的脅威と同じくらい重大なものとして扱われている。環境安全保障という用語は、狭義には「環境と資源をめぐる紛争が軍事的衝突の可能性を高めるという」状況を指す[26]。

環境安全保障がどのような本質を有するかという設問に対して、答えることは難しい。何故ならば、環境安全保障の「主体」についても、「守るべき価値」についても、「脅威の性質」についても、他の主体との「協力関係」についても、国際社会の利害関係者の間で、明確な一致が、実際上も、理論上も存在していないからである。

第二次世界大戦後、国際政治学において、国家間の安全保障問題がハイ・ポリティックスとされ、それに対して環境問題や開発問題は、国内問題とされてきたため、ロー・ポリティックスと位置づけられてきた[27]。しかし、国境を超える大気汚染や国際河川の水質汚染のように、国家間の協力なしでは解決できない問題が登場し、さらには、オゾン層の破壊や地球温暖化のように、地球規模の環境問題（地球環境問題）が、各国やその国民の生活を脅かすようになると、国際社会の取り組むべき課題とされてきた。

特に、地球温暖化と核軍縮の共通性を中心に、「環境安全保障」を論じるのが、米本昌平である[28]。これら二つの問題は、第一に、世界大の不安と脅威を孕んでいること、第二に、脅威の実態の把握と確認が極めて困難であること、第三に、ともに各国の経済と深く関係していることにおいて共通している[29]。米本

によれば、軍縮問題が「悪性の脅威」であるのに対して、地球環境問題は、「良性の脅威」であって、仮に「地球温暖化の予測が誤りであることがわかったとしても、後世に残るのは、省エネルギーや公害防止に対するノウハウと装置の山であ」り、「将来の世代にとって、何と幸いな脅威であろう」[30]と述べ、地球温暖化論の科学的根拠が曖昧であることを認めつつ、地球温暖化対策に邁進することを求めている。

「環境安全保障」とは、「人間により生じた環境の悪化に対する人間の脆弱性を、環境の悪化および人間の不安全さ（human insecurity）の根本原因に取り組むことによって平穏に減少させるプロセス」であるとするバーネット（Jon Barnet）による定義を、ウプレティ（Bishnu Raj Upreti）は、「環境安全保障が実現されるべきであるとするならば、人々は、あらゆる複雑なシステムの下で、定常的であるべき健全な自然環境と変化に適応するいくばくかの能力を持たねばならない」と言い換えている[31]。ウプレティによると、持続可能な開発と環境安全保障は、本来まったく別個の概念であるが、一つのアジェンダを追求するに際して、一方が他方を促進するという関係になる[32]。

環境安全保障をマクロレベルとミクロレベルで区別することも有用である。環境安全保障は、前者の場合、地球規模の気候変動によって生じるところの、砂漠化、生態系の悪化、海面上昇や地球規模の気温上昇などであり、後者の場合、干ばつ、洪水、淡水源の枯渇、空気や水の汚染、金属（例えば、ヒ素）の集積、発電所の排ガス、資源不足や不適切な廃棄物処理などの地域的な環境問題に関わる問題である。南の途上国の貧しい人々や周辺に追いやられた人々は、マクロ・ミクロの両面で、脆弱な状況に置かれている[33]。途上国は、環境変化に適応する能力において低いレベルにあるため、先進国よりも環境安全保障において脆弱である。自然災害によっても、より大きな困難に直面する。

その上、ミクロレベルでの環境安全保障の欠如は、貧困とガバナンス（governance）の不十分さによってさらに高まる。ガバナンスの悪さが、貧困層の脆弱さを増加させ、その結果、天然資源に圧力が加えられ、環境の悪化につながり、最終的に環境安全保障の悪化をもたらすのである。貧困が、途上国における環境資源の悪化の原因でもあり、また結果でもある[34]。

環境の悪化は、多くの途上国において、内戦や暴力的な衝突を引き起こしてきた。人間が引き起こした環境へのストレスと途上国における社会的緊張と紛争の関係について、多くの論者が指摘しており、事例研究も多数存在する[35]。

しかし国際関係論の観点から見ても、地球環境の悪化に対して、国家間協力が順調に進んでいるとはとても言えない。その理由として、主権を有する国家間関係においては、国家間に共通の責任や義務を生み出し、さらには国内制度を改変し、個人その他の利害関係者に権限を与えることが、極めて困難であるからである[36]。さらに、伝統的な国際法理論からも、拘束力のある条約規範は、それに同意した国家のみに関わり、条約非当事国は容易にフリーライダーとなりうる。また、リアリストの発想では、国益こそが最大の価値であり、地球益・人類益といった普遍的価値を認めることも困難であった[37]。リベラリズムの発想も、グローバルな協力関係を目指そうとしているが、例えば自由貿易の促進が、かえって資源の乱獲などの地球環境問題をも生み出してもいる[38]。

2　環境安全保障と持続可能な開発の関係

1980年代以降登場してきた「持続可能な開発」の概念について、開発と環境を統合的に理解する枠組みとして提起されたものであると、信夫隆司は主張する。さらに、国際政治において、「持続可能な開発」が登場した意味を、従来の伝統的な安全保障観をいくつかの点で修正する可能性にも言及している[39]。また、森田

恒幸と川島康子は、「持続可能な発展」という概念は、地球環境問題も含めて環境政策を推進するための基本理念として、世界中で受け入れられてきていると、1979年から1992年までの「持続可能な開発」に関する環境経済学や環境政策学の研究動向を整理して概観している[40]。

安全保障概念が変容している現時点において、「環境安全保障と持続可能な開発の関係」について、筆者は次のように考えている[41]。

(a) 持続可能な開発における環境保護との関連性

1987年の環境と開発に関する世界委員会（WCED）の報告書『我ら共通の未来』で謳われた「持続可能な開発」は、1992年の「環境と開発に関する国連会議」（UNCED）で採択された「リオ宣言」で明確に環境保護と関連づけられたのである。先にも述べたように、リオ宣言の原則1において、「人（Human beings）は、持続可能な開発にとっての関心の中心にいる。人は、自然と調和した健康で生産的な生活（healthy and productive life）を営む権利を有する」と、人の自然と調和した生活が、持続可能な開発と密接な関係を有するとされている。

また同会議で署名のため開放された「気候変動に関する国際連合枠組条約」（UNFCCC）の原則の一つとして、「締約国は、持続可能な開発を促進する権利及び責務を有する」（第3条4項）とされた。ただし、この規定は、一般的・抽象的であり、このUNFCCCに規定された主語は「締約国」であり、国が持続可能な開発を「促進する権利及び責務」を有するにとどまっている。

「リオ宣言」において、「持続可能な開発を達成するため、環境保護は発展過程の不可分の一部を構成し、それから切り離して考えることはできないものである」（原則4）と、持続可能な開発と環境保護を一体のものととらえる認識を示した。また、「平和、

開発及び環境保護は、相互依存的であり、不可分である」(原則25) とされ、平和・開発・環境保護の相互依存性、一体性が強調されている。

このように、国家の視点から、両者の関係を眺めると、「持続可能な開発」の達成のために、環境保護が一体・不可分のものであるとする考え方は、リオ宣言が明確に認めていると指摘できよう。また国家は、環境保護を実現する責任があり、また「持続可能な開発」を促進する権利と責務があることも認識されている。

(b) 持続可能な開発の位置づけ

「持続可能な開発」が登場してきた背景に、経済のグローバル化が生み出した新しい「地球環境問題」に対処する「環境政策」の必要があったことは明らかである。地球環境問題を5類型化した植田和弘[42]によれば、第5のタイプの地球環境問題は、汚染されるものが、グローバル・コモンズであり、汚染の原因者が、自分にも他者にも損害を及ぼす環境破壊であり、オゾン層の破壊がその典型であるとする。第5のタイプのもう一つの典型である地球温暖化問題に対処する環境政策は、損害が不可逆的であるがゆえに予見的政策でなければならず、同時に不確実性を伴うがゆえに、社会的合意形成は困難になるとされる[43]。

国際環境政策の主体の観点でも、個々の環境問題に複数の国家、企業、環境 NGO および住民が関与することになり、この点でも、リオ宣言が、「持続可能な開発」の「主体」は、伝統的な国家に限られず、アクターとしては、女性（原則20）、青年（原則21）、先住人民（原則22）についても、特に言及している点が重要である。

このように、環境安全保障において、「守るべき価値」について、従来の安全保障観が、国益の追求という価値を重視し、戦争の回避を究極の目的としていたが、今日ではグローバル・コモン

ズの汚染を防止し、不可逆的な損害を未然防止することもまた目指されている。

今日の「持続可能な開発」論では、気候変動枠組条約に見られるように、「人間生活の質の向上」や「人類の現在及び将来の世代のために」気候系を保護すべきこと（第3条1項）を、条約目的を達成し、実施措置をとるに当たっての「指針」とすることとしている（第3条4項）。世代間の衡平と並べて、「生活の質」の向上を図ることが、条約に明記された点は重要である。「持続可能な開発」の目標達成に進展が見られるならば、そのことが環境安全保障の実現に貢献するということは言えるであろう。

第5節　むすび

環境を守るための広義の安全保障概念として、「環境安全保障」が、現時点でどれだけの実効性を有するか、あるいは、近い将来においてどれだけの実在性をもちうるかについて、最後に検討してみたい。冷戦の終焉時点において、地球環境問題と安全保障問題の同型性に着目した米本昌平は、研究者が十分な関心を払っていないとして、悲観的であった。

将来世代の利益を確保するため、経済政策に「持続可能な開発」の概念を取り入れることが必要であるとして、地球環境保護について、誰が誰に対して要求し、その実現をどのような方法で迫ることができるであろうか。

国際社会の構成員としての国家は、主権平等とされているが、実態は決して平等ではない。国際法違反に対する抗議も、小国や小島嶼国からの主張だと無視される可能性が少なくない。また、国家を構成する国民の意思も、少数者や先住人民の意見が常に反映されているとも言えない。

そのような現状に対して、国際関係におけるアクターの多様化

が、現代国際社会の特徴でもある。もはや国家のみが国際関係の主体とは言えず、国家間協力の限界もまた明らかである。さらに国家が従来優先してきた価値（国益）と並んで、他に守るべき価値（健全な環境や開発）、またその利益を実現しようとする試みがいくつかの環境問題において実際に認められる。

科学者が果たした役割の大きさを示す事例がある。1987年モントリオールで採択された「モントリオール議定書」は、クロロフルオロカーボン（CFCs; フロン）をはじめとする化学物質によって、オゾン層が破壊され地表に達する太陽からの紫外線の増加が、人間や動植物に対する危害を引き起こすと今日理解されている。この科学者による警告が、1974年初めてなされた際には、科学的に証明されていないとして、反論や批判も強かったのである。また、1987年の議定書採択時点でも、該当する化学物質が、人間や自然に危害を加えるとの科学的な証拠が必ずしも十分ではなかったにもかかわらず、地球規模の環境を守るために、国家は、国内の経済活動に一定の制約を課すことに同意した。特に、フロンについては、諸国家がその規制に同意したことは、画期的なことであった。もちろん、代替フロンの開発に成功したアメリカが、当初規制に消極的だった態度を改め、積極的な働きかけを行ったことは、自国の経済的利益の追求があったという側面も見逃してはならない。

他方、「持続可能な開発」が、1990年代における経済政策において、環境と開発をともに生かしうる概念として、一定の地位を占めるに至ったことは確かである。その背景として考えられることは、不可逆的な被害を生じさせる怖れのある環境の悪化に対して、例え科学的な証拠が不十分であっても、あるいはその怖れが根拠のないものであったことが後になって明確になる場合があるとしても、「予防的アプローチ」（precautionary approach）に基づいて、禁止あるいは規制措置をとることを是認する考え方が、受け入れ

られてきたように思われる。この点で、「環境安全保障」と持続可能な開発の関係に一定の進展が認められる。

　京都議定書に見られるように、先進国と市場経済移行国にのみ、温暖化ガスの削減を義務づけたり、あるいは、米国が京都議定書に署名したにもかかわらず批准を拒否した（2001 年）後も、日本をはじめとする締約国は、第一約束期間（2008 年から 2012 年）に、削減努力を続けた理由はどこにあるのだろうか。その答えとして考えられるのは、一部の国家のみであっても、かかる環境改善の努力を行うことが、技術の進歩につながり、結果的にそれらの国の省エネ技術の発展をもたらし、環境改善にも貢献する場合があるからではないだろうか。

　2015 年 9 月 25 日の「国連持続可能な開発サミット」（United Nations Sustainable Development Summit）において、ミレニアム開発目標（MDGs）に代わり、2030 年までに先進国を含む国際社会が達成すべき目標として、「持続可能な開発目標（SDGs）」を含む「持続可能な開発のための 2030 年アジェンダ」（2030 Agenda for Sustainable Development）が採択された[44]。MDGs では、人間開発を中心とした 8 目標が掲げられていたが、SDGs では、環境に関する目標を含めて 17 目標が掲げられるとともに、すべての国連加盟国が、それぞれの国内状況に合わせて、優先分野を決め、SDGs の達成を目指すこととされた。この文書が掲げる目標の達成を目指して、いかなる理念の下に、人間・地球・繁栄をもたらす世界を、どのようにして変革すべきなのであろうか。環境安全保障と持続可能な開発の関係に、今後どのような進展が見られるのであろうか[45]。

　対立の論理に基づく（軍事的）安全保障から、協調の論理に基づく環境安全保障へという考え方が広く受け入れられるためには、非軍事的な脅威（例えば、地球規模の環境破壊）が、人類の生存基盤に関わる重大問題になっているとの認識が広く共有されること、また敵対的な関係から、国際協力・支援（相互扶助・相互依存）の

関係へと転換されること、並びに、諸国家間に信頼醸成（の努力）が必要である。さらに、関係する多くのアクター間の知識と経験を共有することと、多面的な利益を相互に承認することが不可欠なのである。

注

1 Brian Urquhart, *A Life in Peace and War*, Harper & Row, 1987, p.99. ここで言う「安全」とは、安全保障を意味する。国連憲章第1条1項 To maintain international peace and security の公定訳も、「国際の平和及び安全を維持すること」となっている。
2 ソ連はストックホルム会議参加のため準備を行っていたが、東ドイツが参加できない会議には、出席できないとの理由で、東欧諸国とともに参加を拒否した。
3 国連人間環境会議の決議は、法的拘束力をもたず、反捕鯨団体は、国際捕鯨取締条約の国際捕鯨委員会（IWC）での商業捕鯨の禁止にそのターゲットを変更し、1982年のIWCで、商業捕鯨の禁止を規定した附表の改訂が行われた。
4 Philip Shabecoff, *A New Name for Peace: International Environmentalism, Sustainable Development, and Democracy*, University Press of New England, 1996, pp.62-63. フィリップ・シャベコフ『地球サミット物語』JCA出版、2003年、73-74頁。
5 アメリカの環境保護庁（EPA）の設置（1970年設置）や日本の環境庁の設置（1971年）、ならびに環境法制の整備について、及川敬貴『アメリカ環境政策の形成過程－大統領環境諮問委員会の機能』北海道大学図書刊行会、2003年、2-26頁。
6 米本昌平『地球環境問題とは何か』岩波新書、1994年、43頁。
7 地球環境法研究会編集『地球環境条約集［第3版］』中央法規出版、1999年、62頁。
8 一般に森林資源は再生可能資源と考えられているが、温帯の人工林資源である天然林、特に一次林または未開拓林の資源は、枯渇性資源と捉える方が妥当という見解もある。島本美保子『森林の持続可能性と国際貿易』岩波書店、2010年、17頁。
9 The World Commission on Environment and Development, *Our Common Future*, Oxford University Press, 1987. 翻訳は、環境と開発に関する世界委員会、大来佐武郎監修『地球の未来を守るために』福武書店、1987年。
10 *Ibid.*, p.ix.
11 *Our Common Future*, p.46. 砺波亜希・植田和弘改訳「持続可能な発展に向けて」淡路剛久ほか編『リーディングス環境 第5巻：持続可能な発

展』有斐閣、2006 年、323 頁。

12 Stephen Schmidheiny, with the Business Council on Sustainable Development, *Changing Course*. (MIT Press, 1992). BCSD 日本ワーキング・グループ訳『チェンジング・コース』ダイヤモンド社、1992 年。

13 神保謙「安全保障」小笠原高雪ほか編『国際関係・安全保障用語辞典』ミネルヴァ書房、2013 年、13-14 頁。

14 現代国際法学においても、国家とともに、国際機構や個人も、国際法の法主体として認める考え方が、通説となっている。もっとも両者の主体性の意味については、重要な違いがある。後者の法主体性は、国家間条約によって創設されるという意味で、二次的主体であり、条約が認める範囲内での国際法上の権利義務を有するに過ぎないという意味で、限定的主体である。国家の法主体性は、それに対して、一次的主体であり、包括的主体である。

15 Rita Floyd, "Analyst, theory and security: a new framework for understanding environmental studies", R. Floyd & R. A. Matthew (eds.), *Environmental Security: Approaches and Issues*, Routledge, 2013, p.3.

16 防衛大学校安全保障学研究会編『安全保障のポイントがよくわかる本』亜紀書房、2008 年、43-44 頁。なお、鉱物資源など再生不可能なものの乱獲は、「資源問題」であって、環境問題とは言わない。同書、44 頁。

17 同書、45 頁。

18 The World Commission on Environment and Development, *Our Common Future*, 1987, Oxford University Press, p.19. 同書の翻訳である『地球の未来を守るために』福武書店、1987 年では、"environmental insecurity"を「環境安全保障」と訳し、「環境安全保障」に関しては軍事的解決は存在しないのである、と訳している。同書、42 頁。

19 *Ibid.*, p.19.

20 The White House, *National Security Strategy of the United States, Aug. 1, 1991* (*hereinafter cited as NSS 1991*), http://nssarchive.us/NSSR/1991.pdf.

21 R. Floyd, *op. cit.*, p.5.

22 *Ibid.* 1995 年の NSS 1995 では、「海外での持続可能な開発の促進」と題して、環境と開発について、多くの点に触れている。The White House, *National Security Strategy of the United States*, Feb. 1, 1995 (hereinafter cited as NSS 1995), http://nssarchive.us/NSSR/1995.pdf. また、1997 年の *NSS 1997* では、第 2 章「アメリカの国益の増進に向けて」の中で、「環境上の関心と安全保障上の関心」との見出しの下で、環境上の脅威が、アメリカ市民の健康を脅かすこと、国家安全保障計画の中に、これまでなかった環境分析を取り入れていると、述べている。安全保障への増大する危険の一つとして、環境損害が挙げられている。The White House, *National Security Strategy of*

the United States, May. 1, 1997（*hereinafter cited as NSS 1997*）, http://nssarchive.us/NSSR/1997.pdf. p.14（as pdf file）

23 R.Floyd, *op. cit.*, p.5.
24 ロレイン・エリオット『環境の地球政治学』法律文化社、2001 年、251 頁。
25 同上、252 頁。
26 同上、266 頁。
27 信夫隆司「開発と環境の国際政治理論」信夫隆司編『環境と開発の国際政治』南窓社、1999 年、16 頁。
28 米本昌平、前掲書、45-46 頁。
29 同上、45-46 頁。
30 同上、46-48 頁。
31 Bishnu Raj Upreti, "Environmental Security and Sustainable Development", in R. Floyd & R. A. Matthew（eds.）, *Environmental Security: Approaches and Issues*, Routledge, 2013, pp. 220-221.
32 *Ibid.*, p.221.
33 *Ibid.*, p.222.
34 *Ibid.*
35 *Ibid.*
36 信夫隆司、前掲書、28-29 頁。
37 同上、30 頁。
38 同上、33 頁。
39 同上、34-35 頁。
40 森田恒幸・川島康子「『持続可能な発展論』の現状と課題」『三田学会雑誌』85 巻 4 号（1993 年 1 月）、4 頁。
41 暫定的な考え方であって、理論的にも実証性においても、不十分な点が存在していることを留保しなければならない。
42 植田和弘「持続的発展と国際環境政策―課題と展望―」植田和弘・落合仁司・北畠佳房・寺西俊一『環境経済学』有斐閣、1991 年、240 頁。
43 同上、244 頁。
44 UNDP, Sustainable Development Goals（SDGs）. http://www.undp.org/content/undp/en/home/sdgoverview/post-2015-development-agenda.html
45 SDGs が、環境安全保障と持続可能な開発の関係に与える影響についての検証は、改めて行いたいと考えている。

第8章

エジプトの教育改革から見る「教育の安全保障」

長尾ひろみ

第1節 はじめに

　2013年に成立したエジプトの新政府は、2015年10月に日本からの円借款を受けてエジプトの教育システムの改善を行うことを決めた。その為に日本側は在エジプト日本大使館、JICA、エジプト側は計画省、教育省、高等教育省が連携して日本の教育をエジプトに導入しようとしている。基本的には円借款で使えるお金を奨学金とし、年間500人の留学生（学生、研修生、教育実務担当者、教員、教育行政官等）を5年間、日本に送る計画である。エジプトが取り入れたい教育システムとは何を意味しているのか。2011年以降、日本の戦後の教育の見直しから始まる教育改革が進む中、単に日本の既存の教育を模倣するのであれば、失敗してしまうだろう。

　エジプトには4000年もの永い文化と歴史があり、日本より遙に古い文明を有していた。日本は江戸時代から寺子屋で子どもたちからの識字教育を行ってきた歴史がある。二つの異なる歴史と文化をもつ国が、それぞれの異なるアイデンティティーを認識しつつ、「公正で公平な経済的な状況や人権の保護や開発の促進を含む積極的な平和構築」[1]を目的とする「国際共生」の提言を行う。

第2節　エジプトの民主化に向かう歴史

　エジプトのことを論じるにあたっては、まず近代のエジプトの歴史から知る必要がある。2011年の「アラブの春」と呼ばれる革命以降の民主化の中で、短期間で政権が繰り返し変わっていった不安定な政情の1年半もの間、憲法も議会もない状況が続いた。

　エジプトの歴史をたどる時、中世はマムルーク朝、近世はムハンマド・アリ（1769 – 1849）と軍人が政治を統括してきた。また近代においては、1960年代のナセル大統領時代からムバラーク政権が終わる2011年までの50年間は長期安定政権による軍事共和制であった。しかし、2011年の「アラブの春」の到来以降、エジプトは大きな政治的変革を経験する。1981年から2011年までの30年間君臨したムバラーク政権が崩れ、2012年、民主化を推し進めるムスリム同胞団が政権を取り、ムハンマド・ムルシー大統領が選挙によって選ばれる。ムスリム同胞団は議会選挙、大統領選挙を民主的に実施し、また新憲法も策定したが、次第にイスラムを基盤としたサラフ主義勢力が高まり、その後、それに不満をもった大衆によるデモが繰り返された[2]。2013年には再び軍部のクーデターによりムルシーは失脚を余儀なくさせられ、現政権のアブデール・シーシ大統領（Abdel Fattah Al-Sisi）が就任し、民衆を中心とする民主政権を樹立する。このシーシもエジプト国軍士官学校卒業であり、2012年には国防大臣になっている人物である。しかし、混乱するアラブ情勢の中で、今のエジプトは新しい形の民主国家エジプトを目指して新しく進んでいる。そんな中でようやく安定したシーシ大統領現政権はまず教育で国を立て直そうと政策決定を急いでいる。

第3節　新憲法に明記される教育の保証

　2014年に制定された新憲法に基づき、教育省 Mohmoud Abo Elnasr 大臣は教育ストラテジックプラン（2014年－2030年）を発表した。それによると教育に関して以下の条文が新憲法に存在する。

19条　Every citizen has the right to education.
　　　すべての国民は教育を受ける権利を有する。

20条　State shall encourage and develop technical and technological education as well as vocational training.
　　　国家は職業訓練学校を含め、専門的、技術的教育の展開を推奨する。

22条　Teachers, and faculty members and their assistants are the main pillars of education. The state shall guarantee the development of their academic competencies and professional skills.
　　　教師、大学教員、そしてそのアシスタントは教育の支柱である。国家は彼らの学術的能力と専門技術の向上を保証する。

25条　State shall develop a comprehensive plan to eradicate alphabetical and digital illiteracy among citizens of all ages.
　　　国家はすべての国民に対して、識字、計算力の文盲率を減らすための総合計画を展開する。

80条　Every child shall be entitled to acquire early education in a childhood center until the age of six.
　　　国家はすべての子供たちに6歳までの早期幼児教育を受ける権利を保証する。

　また、同じ80条では中学生までの児童労働を禁止している。

It is prohibited to employ children before completing preparatory education (six years of primary and three years of preparatory).

　基礎教育（6年間の小学校、3年間の中学校）を終えるまでの子供の雇用を禁止する。

81条　障がい者の教育を受ける権利

State shall guarantee the educational rights of persons with disabilities and dwarves, strive to provide them with job opportunities, allocate a percentage of job opportunities to them, and adapt public facilities and their surrounding environment to their special needs.

　国家は障がいをもった人の権利を保障し、雇用の機会を探し確保し（ある程度の比率で）、公共の施設や環境を彼らの特別な必要性に適応させるよう努力する。

82条　State shall guarantee the provision of care to the youth and youngsters shall endeavor to discover their talents; develop their cultural, scientific, psychological, physical and creative abilities, encourage their engagement in group and volunteer activities and enable them to participate in public life.

　国家は若者の支援をし、彼らは才能を発掘することに努力する。また彼らの文化的、科学的、心理学的、また身体的、創造的能力を発展させ、集団活動やボランティア活動への参加と社会生活への参加を呼びかける[3]。

1　すべての子供が教育を受ける権利

　エジプトは6歳から12年間の義務教育無償化は行き渡っており、それ以上に公立だと高等教育まで無償である。そんな中で人口増加率が年2.5％、子供の数は毎日6,000人から7,000人増加している。そのため、既存の公立小学校は子供たちを収容しきれな

くなっている。しかし、**表1**が示すように、子供の小学校就学率が100％に達しているわけではない。2011年から2012年の小学校から中学校に進学した率が示すように、地方の男子の進学率は80.45％であり、女子は89.21％である。町において男子が90.59％に対し女子は94.61％と女子が優位である。また地方と町を比較してみた場合、合計では地方84.60％に対して町は92.50％と町の方の進学率が多いことを示す[4]。UNESCOへの報告によると、男子は家族を経済的にサポートする労働力として必要であるから、と書かれている[5]。とはいえ、前述の80条においては、児童労働は禁じられている。がしかし、地方に住む貧困層においては、家族の世話、農業の手伝い、子守などが子供たちの学校に行けない理由である。

表1　初等教育間における進学率
（2011/2012年度・2012/2013年度間）

地域	男子	女子	合計
地方	80.45％	89.21％	84.60％
市街	90.56％	94.61％	92.56％
合計	85.50％	91.91％	85.50％

出典：General Directorate of Information and Computer, Statistics of the data mentioned in the table, Ministry of Education.

　少し別の観点から数字を見ると、小学校卒業資格を得た子供の人数は若干**表1**より大きい。2000年より2011年が86.8％から90.2％と数字を伸ばしている。その子供たちは義務教育の延長として高等学校に進む。高校はここで二つに分岐する。一般教育の高校と技術教育である。中学校卒業者の66％が高校に進学する（2012年／2013年統計）。このうち30％が一般教育、36％が技術教育である（Strategic Plan for Pre-University Education 2014-2030, p.26）。

　小学校進学、高校進学率は決して低い率ではない。カイロ市内、アレクサンドリア市内では、いわゆるストリートチルドレンと言

われる、学校に行かずに路上で物を売ったり物乞いする子供を見ないのは、この国の教育に対する政策に起因するのであろう。しかし、今後の課題は、待ったなしで増加する子供の数に対応するため、小学校を毎年 1,000 校以上新設していかなければ、義務教育からはみ出てしまう子供たちが出てくるのである。

2 職業訓練高校 (Vocational Training School)

憲法 20 条の技術的、職業的訓練の強化であるが、これは制度として着実に増え始めている。職業訓練校には 3 年制と 5 年制がある。5 年制は日本で言う高等専門学校であり、大学の 3 年次編入が可能となる。

2016 年 2 月現在、ドイツの教育制度を見習った職業訓練高等学校 (Vocational School) は三分野あり、工業技術 (industry)、農業 (farming) そして貿易・ホテル (Trade & Hotel) である。また教室での学業と実際の職業訓練現場実習との時間的比率によって三つのカテゴリーに分けられる。タイプ 1 は 25％が教室での勉強、75％を工場などでの現場実習を行うデュアルスクール。タイプ 2 は 30％が教室で 70％が実習のジェネラル・インダストリアル、そしてタイプ 3 は 50％教室、50％実習のプロフェッショナル・テクニカルである。学校の数はタイプ 1 が 22 校、タイプ 2 は 655 と圧倒的に多く、タイプ 3 は 4 校である。それぞれのタイプによって扱う分野と実習先が異なり、生徒は自分の将来の進路希望に合わせて三つのタイプを選択する。

生徒たちは実際に教室での理論的な勉強をしたうえで、それぞれの現場に出ていく。日本のインターンシップと異なるのは、かなりの時間帯をそれぞれ現場で過ごすことになり、それに対しては工場や職場で仕事に対する対価が支払われる。学校では金属研磨、家具製作などの基礎訓練、また糸をつむぐ機械など現場で使える技術訓練実習も行っている。すでに職業訓練学校が工場や産

業界と密接な関係をもち、生徒を派遣するシステムができている。ただし、多くの学校では、卒業後の追跡調査ができていない。2006年のILOの調査では、大学卒業者は文系に3分の2が進学、理系に進む率が少ないと指摘している。その理由には高等学校の教育の質が低く、理系の工学、理科、物理等の科目に重きが置かれていないという[6]。しかし、これらの職業訓練学校が今後高卒の技術者を訓練することにより、エジプトの中小企業や小規模経営産業を支える人材になるのであろう。そのためには、教える内容と市場のニーズを常に研究し、ニーズに合った科目を導入する必要がある。

3　教師の質の保証

現在のエジプトにおける小中高では、先生たちに対する教育の質の評価方法がない。つまり、お互いに情報交換し、評価し合う教員組織が存在しない。日本の学校では、校長の下に副校長（教頭）、学年主任、教科主任、クラス担任、クラブ顧問、教務担当教員群、広報担当教員群などが組織として存在する。これは年度初めに校長から校務分掌として決定され役割を命じられ、就業規則に則って組織される。日本の教員には職員室があり、学年主任を中心に学年会議が行われ生徒の情報交換、状態の共有を行う会議がある。また教科担当者が集まり、進行状況の調整が行われる。そのための職員室であり、また個別の教員の机がそこにある。通常、生徒から回収した答案であるとか提出物等が机の上に積み上がっており、そこで授業の準備をする。

2016年2月に筆者がカイロの公立小学校を訪問し、「職員室を見せてほしい」と言ったらエジプトの先生は「ない」と答えた。校長室はあり、一人いるカウンセラーの部屋もあったが、職員室ではなかった。各教室にも先生の机はない。日本でいう組織的な校務分掌がないので、教える以外の業務分担はないのが現状であ

る。担任はあるかという質問に対して、小学校 1 年生から 3 年生まではあるが、それ以降はないとのこと。3 年生以降の担当者の生活は午後から個別の家庭教師を行い有料で生徒を教えている状況が大半であり、それが文化になっているという。

　中学、高校でも聞いてみたが、同じような返事であった。先生たちの休憩場はあったが、研究、準備の部屋ではなかった。教育省の教育規程としては担任も高校まであり、副業は禁止しているが、それを遵守する風潮がなく、罰則もない。それには二つの要因がある。まず教師の給料が安い。初任給で平均月額 1,500EGP（約 21,743 円）、中堅ベテランで平均 2,500EGP（約 36,237 円）である。町の喫茶店のコーヒーが 15 － 25EGP（217 - 318 円）。日本と変わらないとすると、ダブルインカム、または副業をしなければ生活は成り立たない状況である（2016 年 2 月 19 日為替換算）。また日本と同様、大学の良い進路を準備するためには個別指導、塾に通わすというのが一般的文化となっている。

　この規程遵守違反の風潮は公務員に対しても同様である。2011 年の革命以前はそれを遵守したが、革命後、また 2013 年の新政府樹立以降の民主化運動の中、公務員規程に違反した者に対する罰則、懲戒等の遂行は、圧力となるので実行不可能に近くなっている。

4　識字率を高める

　エジプトの識字率は学校制度の充実と比例してかなり伸びている。15 歳から 24 歳までの識字率は 2005 年から 2010 年では 88 ％（男子 91 ％、女子 84 ％）であったが、2015 年では同じ年齢領域で 92 ％（男子 94 ％、女子 90 ％）と着実に増加している[7]。しかし、大人の識字率は低く、2010 年 4 月 26 日から 28 日にセネガルで行われた世界教育フォーラムに於いて、エジプトは生涯教育庁（Adult Education Agency AEA）が識字率を高めることを約束し

た。この AEA は 1993 年にエジプトの成人識字率を高めるために組織された、NGO や民間団体を経済的に支援し、民間と共同で問題に取り組んだ。その結果、以下の表が示すように 12 年間で 33.46％から 22.1％に「字が読めない人」の率を下げることに成功した。

表2　字を読めない人の率

2000年			
男性	女性	合計	人数
22.91％	44.75％	33.64％	1,720万
2006年			
男性	女性	合計	人数
17％	40.6％	29.33％	1,680万
2012年			
男性	女性	合計	人数
15.2％	29.3％	22.1％	1,449万

出典：Adult Education Authority Statics and CAPMAS.　**8**

　この取り組みは学校レベルではなく、NGO や UNICEF などの非営利団体が民間の資金や寄付を導入して識字率アップに寄与している。筆者が訪問した一例であるが、Kabas Mn Nour NGO は 10 年前、2006 年に組織を作り、貧困地域を中心にアラビア語を教えるカリキュラムと教材を作成した。2011 年には教育省の認可を受ける。村に入りアラビア語を教える人の教育（teacher's training）を活動の中心とする。またアラビア語を習う必要性を見出さない婦人たちに対して、食べ物、薬、衣服、家具などをアラビア語講座に参加し出席率の良かった人にインセンティブとして渡す仕組みを作った。特別に優秀だった人には、メッカへのチケットを提供もする。外国人に対しては女性より男性のためのコースももっている。外国人（難民も含む）がエジプトでタクシードライバーの免許を取得するためであり、教材パッケージとして

は 3 カ月で習得できるものである。この教材が Google に認められ、近い将来、Google でオンライン教材を配信し、受講者はスマートフォンで学習できるようになるという。この NGO のターゲットは 3 タイプあり、子供、大人、そしてエジプトに入ってくる外国人である。同 NGO は Teacher's Training を終えて教えられるようになった人には 750EP を給料として支払い、またその先生たちを監督する人には 1,350EP を渡すことにより、エジプトから「文字が読めない人」をなくすことを最大の目標としている。

5 障がい者に対する教育

筆者が訪問した学校には身体障がい者も知的障がい者も見受けられなかった。日本ではすでにインクルーシブ教育で、障がいをもっている子供の親が普通学級での勉強を希望すれば一般の学校に入ることができるが、そのことを UNICEF Egypt に聞いてみた。エジプトでは知的障がい者はまだ外に出さない。それ以上に、多くの教師が自閉症の子供を見極められない。そこで UNICEF は LD（Learning Difficulty）のある児童を診断するパッケージを作り、教師が直接自分で診断できるように配布している。UNICEF は教育省の許可を得ており、学校に導入していくことはあまり抵抗がない。日本の場合はむしろ自分の子が LD と診断されることに抵抗があるが、エジプトの親はむしろ教育向上のため歓迎しているという。また、LD と診断した障がいをもった子供のケアをする教師は給料が 25％アップする。それによって教師からのクレームはないという。

6 若者ケアと活用

カイロの道を車で通っていると町の中心地では中央分離帯に若者たちが沢山立っていた。彼らは日雇いの仕事を求め、そこでチャンスがあれば迎えの車が来る。一日いても車に乗れないとき

もある。エジプトの失業率は現在 12％である。この若者は中学、高校の教育を終え、大学にはいかない日本でいうフリーターである。

　日本は「2018 年問題」という現象としてとらえられているように、逆ピラミッドの人口分布の中で、2018 年から 2031 年までに 18 歳人口が 17 万人減ることが明らかになっている。それとはまったく逆で、エジプトは正ピラミッド型の人口分布である。毎年約 2 万人が増え続けている。度重なる政権交代と新しい憲法（2014 年制定）への馴染みのなさが若者の不満をかき立てる要因になっている。革命後、若者たちの道徳観が不安定になっているという。

　これらの問題も、増え続ける NPO、NGO が担っている。現在エジプトの NGO の数は約 4 万と言われ、そのうち 3,000 の NGO が教育に関連した活動をしている。これらは民間の寄付、また海外からの支援で成り立っている。NPO Agel は革命 2011 年にはカナダにいたエジプト人が中心になって、エジプトの若者の道徳観を再び植え付けるための活動を始めている。その NGO には若者のボランティアが 3,000 人いる。彼らの仕事はチラシやパンフレットを配ることである。学校教育の中に入り若い世代から道徳観をもたさなければという思いで学校の先生たちにもアプローチをかけている。この団体も計画省からの認可を申請中である。学校へのアプローチは先生たちを学校の外の研修に誘うことから始まる。集まって研修に参加したらリワードを渡すという。リワードとは交通費を渡すということであるが、実費ではなく、何に使ってもいいお金である。

　その他、ASHOKA　MiddleEast オフィスがカイロにあり、若者のビジネス企画コンテストなどをカナダの Ashoka の協力を得ながら行っている。UNICEF もシリアやアフリカからの難民を支援している。エジプトでは政府の手の届かない部分を多くの NGO

が助けに入っているというのが現状である。

第4節　教育の質

1　能力のある教師

日本では2011年以来4年間の中央教育審議会での議論の末、大きな教育改革を実施している。その中の大きな柱は「教育の質の向上」である。未来の国を背負う子供たちの教育問題に国が真剣に取り組むことが、その国の経済発展につながることは明らかである。エジプトも国レベルではその事は十分認識している。しかし、現実は難しい状況である。

UNESCOに提出した資料では、現在稼働している教師の85.2から71.06％が教育に適している人たちであるという（Educationally qualified）[9]。その数字は、逆に見ると15％から29％は教員として適していないという意味になる。しかし、これはどんどん増える人口に対して質の高い教員養成が追い付かず、教員の数と子供の数が比例して増えていっていないことが大きな原因である。小学校では2000年／2001年の調査では1クラスの人数は平均で30.93人から34.08人であったが、2012年／2013年の調査では41.11から43.29人に増えている。中学校では2000年／2001年には43.89から40.73人。2012年／2013年の調査では平均では37.66から40.80と数の増加はわずかしか見られないが、ギザやアレクサンドリアやカイロでは1クラス60人から100人の学校もある[10]。このように人口が増え続けるため、新しい学校建設が急務であり、教員養成、教員再教育が大きな問題となっている。

2　エジプトの教育環境と教員の意識

まず、日本では初等中等教育（小学校、中学校、高等学校）は地方自治体直轄教育委員会の管轄となっている。エジプトの場合は

必ずしもそうではなく、教育省の意向が直接学校へおりている。地方自治体の教育責任者、教育委員会にあたるものが効率よく機能していないからである。民衆中心の社会がコントロール不可能な社会になっている。これは学校現場だけではなく、公務員（省庁職員）の勤務態度にも出ている。たとえば計画省の場合、多くの職員は朝10時ころ勤務開始、お茶を飲んで昼食を食べ、2時にはいなくなる。タイムカードがあるわけでもなし、早退を監督する人がいない。7,000人いる中で通常半数くらいしか稼働していないのが現実である。公務員の給料も安く、半分はコンサルティングや教師を副業としている（公務員より事情収集）。

　教室の状況は、初等、中等どちらもエアコンディションはなく、窓とドアを開けての授業である。2月で日中は摂氏10度から26度の心地よさであるが、夏は乾燥と猛暑である。机は個別ではなく、木製のベンチに木製の長机。そのベンチに3人が並んで座る。ほとんどの子供は教科書をもたないでメモも取らないことが多い。教科書を開きながらそれに沿った授業実施計画がなく、また時間割もない学校が多い。1時半には学校が終わる。

　中学校、高校は時間割があり、教科の専門の先生が担当する。しかし、筆者が視察した中等教育では、小学校から高等学校まであり、同じ教師が小学生も教えるという。ここでも小学校と同じく、木製ベンチに長机、体の大きい中学生、高校生が3人並んで座っている光景も珍しくなかった。男女別々に座っている。いずれも見学した学校は給食もなく、生徒たちは休憩時間にスナックを小さな売店で購入していた（現在給食制度を導入する試みも始まっている）。ここで先生たちに職員室の有無を聞いたら、あると言う。行ってみれば木製の机と椅子があるのみで、日本で言う休憩室である。先生がそこで授業準備をするための参考書、コンピューターなどはない。教員のカギのついている木製のロッカーがあった。通知簿はあるかと尋ねた。実際もってきたのは、1年間の修

了書であった。全体の科目に対する通知表ではなく、個別の担当者が点数と出席回数を書いている紙である。親のサインを得て学校に返すという習慣もない。

3　日本式教育の導入

筆者は 2016 年 2 月 14 日　初等教育（公立小学校）を視察。この学校は 2015 年 10 月より「日本式教育の導入モデル校」となっている。これは 2010 年 10 月にアボルナガ大統領補佐官と教育省大臣が日本を視察してもち帰ったものである。彼らが日本の学校を視察して驚いたのは、生徒が生き生きとして責任をもち、規律正しいということであった。

導入項目は①清掃、②日直制度、③手洗い、④朝の朝礼での整列方法、⑤体力測定、⑥特活である。清掃はいわゆる放課後の生徒全員による「お掃除」である。掃除はエジプトでは国民としても習慣としていない。ゴミの収集はあっても分別収集はなく、道、公共施設などは清掃の人がするものであり、皆で美しくしましょうという文化がない。また、清掃は清掃を職業とする人がやるものであるという考えであった。しかし、教育省は日本の清掃を導入し、小学校で掃除を生徒全員がすることで、自分の周りの環境美化をみんなで共有し、それがゆくゆく国民の文化へとつながってほしいという願いであった。

視察した小学校においては、廊下も階段も生徒の手で清掃されていた。日直当番に関しては、生徒それぞれが人の前に立ちリーダーシップを発揮し、自信につなげるためであった。これはかなり生徒の自信につながるという効果があがっているとの校長からの報告があり、日直当番の子供たち（男の子と女の子のペア）は元気に楽しそうであった。従来、学校での手洗い習慣がない段階で、校庭に手洗い場を設け、石鹸をメッシュの網の中に入れ蛇口にぶら下げていた。これは日本の学校で見られる光景そのものである。

朝の朝礼は校庭に全校生徒が1年生から6年生までクラスごとに並び国歌斉唱、ビバエジプトを大きな声で繰り返す。朝礼は以前から小学校ではあったが、日本式導入は生徒を背の順に並ばせたことである。今までは校庭に出てきた順、つまり前に立ちたい子供がいつも前を陣取っていた。「前にならえ」で両手を前に出し前の人との間隔を取る姿勢も日本を模倣したようである。もう一つが体力測定である。従来は体育という教科がなく、子供の体力テストもなかった。日本の方式といってグラウンドにマットを引いて高学年の子供の腹筋運動を見せてもらった。

この様に、10月から「日本式教育を適応するモデル校」をカイロの学校で実験し、その効果を11あるガバナレット（州）が今後取り入れるかどうか議論するために教育省大臣、州の行政教育担当者が見学に来ている段階である。

2015年12月8日付の *Daily News Egypt* [11] によると、エジプトのメガプロジェクトに対する必要投資額が1兆777.8億ドルであり、その内容は建設117.274 mドル、エネルギー36.466 mドル、交通18.936 mドル、ガス18.000 mドル、石油12.400 mドル、水4.750 mドル、工業1.665 mドルとあり、教育は言及されていない。教育省の報告ではGNPの4％を教育に使うという規定があるが、教育省の年間予算620億EP（約9,300億円）の90％が人権費であるため、通常の予算では教育に力を入れられない状況である。

第5節　エジプトへの日本式教育導入にあたり不可欠な国際共生の手法

2016年2月28日、アブデール・シーシエジプト・アラブ共和国大統領が日本を訪問し、教育に関する協働パートナーシップ「エジプト・日本教育パートナーシップ（EJEP）」を安倍晋三総理大臣と双方で発表した。この共同声明は両国の平和と安全、安定

と発展のための協力である。政治・経済の政策的協力声明の一部として重要な柱になる「教育、人的・文化交流における協力」では、12の項目に焦点をあてることが決定された。以下がその項目と内容である。

1. 日本派遣留学生の拡大
   現在年間200人の長期、短期留学生を、今後5年間で2,500人（1年間500人）に増やす。
2. 日本式教育の導入
   エジプトに日本式カリキュラム、教育方法などの導入を計画。日本の子供たちの道徳心、規律正しさ、協調性をエジプトの教育に導入するものである。
3. エジプトにおける「特活」の推進
   文化、スポーツ等の学校行事、また教科科目外教育によって社会的、情緒的、感情的にバランスの取れた人間教育のため「特別活動」を導入。
4. 日本式教育を適用するモデル校建設
   就学前教育、基礎教育段階の日本式モデル校を作り、専門家、教員を派遣し、機材等を供与し支援する。
5. 教員、指導員の能力向上
   エジプトの教育の質を高めるために、日本式教育の在り方を学ぶために、教員や指導員をエジプトおよび日本で研修を行う。
6. 学校運営および学校における教育活動の改善
   エジプトの教育省、教育行政と協力し、学校運営、教育活動やプログラムの改善に寄与する。
7. エジプトにおける体育科目および音楽科目の推進
   音楽、体育が人間形成にとって重要な教科であることから、日本政府は教員経験のあるボランティアの派遣を行

う。
 8. 保育園および幼稚園における「遊びを通じた学び」の推進
　過去20年で70人のJICAボランティアが幼児教育分野で派遣されており、引き続き「遊びを通した幼児教育」に対する協力をする。
 9. 技術教育分野における協力
　若者が職を得、将来より良い生活をおくり、社会や地域に貢献するために、実践的な技術教育の推進に協力する。
10. エジプト政府による教育分野の政策目標の策定
　モデル校の支援、教員・指導者の能力向上、学校運営の改善など、日本式教育導入の観点からエジプトの教育分野の政策立案に協力する。
11. E-JUSTの推進
　2008年に締結された二国間協定により日本からの供与によって日本科学技術大学をアレクサンドリアで設置。今後キャンパスを増築拡大し、2017／2018年度に工学部および国際ビジネス・人文学部の設置を計画中。
12. エジプト・日本教育パートナーシップ（EJEP）に関する運営委員会設置
　エジプト政府と日本政府は、教育パートナーシップを実施するために合同運営委員会を設立。その下に基礎教育および技術教育に関する執行委員会と円借款による留学生奨学金のカテゴリーごとの人数分配、募集、選考、準備などに関する執行委員会を設ける。

　2016年9月よりJICAの教育円借款が予定されている。それによって小学校への日本式教育導入だけではなく、根本的な教育政策が導入されて、戦後日本が力を入れた「教育」の成果による国の経済力アップをエジプトで再現しようとしている。しかし、日

本の戦後の教育にも多く反省する点があり、それにより、2011年から教育再生実行会議、および中央教育審議会が「教育改革」に取り組んできた。その改革による良い部分の導入が、日本の経済支援によって実現すれば、日本とエジプト双方が同時に経済成長し、世界に寄与する国になるだろう。

エジプト・日本教育パートナーシップ（EJEP）で掲げる協力項目は、既存の日本における教育が人間形成に多いに役立つ成功例であるかように、日本の教育手法のエジプト導入を目的としている。しかし、2011 年 3 月 11 日の東北大震災後、文部科学省の中央教育審議会においては、「戦後 70 年の日本の教育は、真のリーダーシップ、自ら考える能力、コミュニケーション能力の育成には十分でなかった」と結論付け、急速な教育改革を行ってきているところである。

暗記中心の授業、それだけを評価する入学試験、学校組織における意思決定の遅延など、それらを見直す多くの改革が実施されてきている。幼児教育も文部科学省管轄の幼稚園、厚生労働省管轄の保育園を一本化する「こども園」の新たな制度設置が実施されてきた。暗記型の事業でなく対話形式の授業の見直し、探求型授業の導入など、今の日本はそれぞれ分野で新たな手法が研究中である。

こんな中で、エジプト側が日本型教育に学ぼうとするとき、そして日本が自信をもってエジプトに伝えられるものは何だろう。当然、現在のエジプトの教育環境、教員の社会的位置づけ、それに伴う教育の質など、日本に比べれば低い状況である。また識字率、就学率などは日本では問題とならない課題をエジプトは抱えている。さらに障がい者の就学率は遅れている。また失業率12％を抱えているために青少年育成も NPO や NGO に頼るしかない状況である。しかし、日本型教育をそのまま導入したからといって、エジプトの将来は明るいとは言えないだろう。

今後、円借款による日本への留学生 2.5 倍計画も、日本式小学校建設も、お互いの歴史と文化、宗教と言語の違いを認識した上での協力を考えなければ横柄な押し付けになってしまうだろう。また日本の戦後の教育の良いところと悪いところの識別をせず、また教育理念とその効果の裏付け無しで過去の教育システムを輸出しても、うまくいかないだろう。それでは真の国際協力、国際共生ではない。二つの国が協力し、それぞれの歴史、文化、政治的背景の違いを理解し、日本の何が今後のエジプトの発展に役に立つかを分析した上での協力でなければ、真の国際共生につながらない。

第6節　むすび

「教育の安全保障」と「教育による国家の安全保障」とを比較してみた。当然これらは同じではない。もちろん、前にも述べたように、エジプトの教育を豊かにする事によって将来、国の外交、経済を担う人材を育成することになるので、教育と国家の安全保障は切れない関係にある。しかし、ここで強調したいのは、子どもが「教育を受ける権利を保障するという教育の安全保障」である。アマルティア・センは彼の「人間の安全保障」の定義として次のように述べている。

　人間の安全保障は、人間の生活を脅かす様々な不安を減らし、可能であればそれらを排除することを目的としています。この考え方は、国家の安全保障の概念とは対照的です。国家の安全保障は、何よりも国家を安泰に強固なものに保つ事に重点を置いて、そこで暮らす人々の安全には間接的にしかかかわりません[12]。

また、アマルティア・センは、「人間の安全保障」と「人権」の関係を「お互いに補完する関係にある」と述べている[13]。こどもの権利として生きる権利（人権）と同じように教育を受ける権利がある。それを保証するために、世界の国々は、ある一定の成長期間に教育を義務教育としている。国家が教育を与える義務と子どもが教育を受ける権利の相関的関係である。エジプトでも憲法で小学校から大学までの教育を無償で与えると憲法で保証している。年間 6,000 以上の子供の数が増える中で、エジプトは日本への円借款によって「教育の安全保障」を実践する試みを始めるのである。

教育を受ける権利を保障するという事は、その子供に考える力、将来を生きる知識、知恵を与える事であり、その知恵がすべての安全保障を支えることになるだろう。貧困の負のサイクルを壊すことも可能である。また、紛争に翻弄される社会から、真のグローバルな社会を作り出すことも可能になる。環境を守ることも、世界の経済を発展させる事もできる。これからの「教育の安全保障」は、単体の国単体の利益を守る人材育成の教育ではなく、教育によって得る知識、倫理観、世界観、多様性への対応など、地球規模の利益を追求する人財育成につながってゆく。

エジプト政府は 2013 年の革命後、国を立て直すために政治、経済の立て直しは当然として、最重要視しているのが「教育」である。軍事政権から民主政権になり、絶対的な権力がなくなった今、国の命令に従っていたら生活できた時代から、国民が国を作ってゆく時代に変わったのである。その時に最も主体となるものが「人」であり、その「人づくり」である。教育を受ける権利はエジプトでも新憲法で改めて保証されている。

このエジプトの教育のロールモデルとして日本型教育が選ばれた。従来ある例として、円借款で橋や空港を作るというプロジェクトとは異なる関係ができるのである。円借款したお金が、これ

から5年間続く留学生（研修生、教育実務家、教育行政担当者）の学費、生活費等となって日本で消費されるシステムである。

　ここに本当の「国際共生」の概念が働かなければ、日本とエジプトの関係は積極的な平和構築にはならない。日本のお金を使って、間接的にエジプトの子供の教育を保障する制度を構築し、それがエジプトの国家経済の発展のみにつながるのではなく、日本とエジプトで今の時代に合った教育システムを新たに構築する環境設計ができることを望む。しっかりとした教育内容の充実であり、充実した倫理観、全人的成長、高い知識によって育まれる世界観、それらをもった「人」が、結局は国（世界）の経済発展を将来担い、国（世界）の安全を保証することになる。これぞまさに地球の子供たちの教育を受ける権利の保障であり、この円借款により日本とエジプトが協働し、二カ国間の発展だけではなく、世界の平和に寄与できるプロジェクトとなることを期待する。

注

1　黒澤満編『国際共生とは何か』東信堂、2014年、vi 頁。
2　鈴木恵美『エジプト革命』中公新書、2013年。
3　筆者翻訳。
4　Egypt, Education of All, 2015 National Review, p.58　UNESCO- Ministry of Education 2014. これは2015年5月19日から22日まで韓国仁川で行われたWorld Education Forum にエジプト教育省が提出したものである。
5　*Ibid*. p.59.
6　*Ibid*. p.116.
7　*Ibid*. p.82.
8　*Ibid*. p.120.
9　*Ibid*. "Strategic Plan for Pre-University Education" 2014-2030, p.36、Egypt national Project p. 187, Ministry of Education. これはエジプト教育省がUNESCO に2015年の World Education Forum に提出したものである。
10　"Strategic Plan for Pre-University Education 2014-2030", Egypt National Project, Ministry of Education p.184. 注4と同様、2015年に UNESCO に教育省が提出したものである。
11　エジプトの新聞、*Daily News Egypt*、Issue 2887 の第一面に "Egypt Looking

forward to Boost Relation with Japan" という見出しで掲載。 December 8, 2015.
12 　アマルティア・セン著、東郷えりか訳『人間の安全保障』集英社新書、2014 年、第 8 版、36 頁。
13 　同上書、41 頁。

事 項 索 引

【欧字】

Accord ……………………… 137, 144
Alliance …………………… 139, 144
ASHOKA …………………………… 181
CFE 適合条約 ……………………… 84
CSCE ………………………………39, 40
CSCE/OSCE ……………… 39-41, 46
E-JUST ……………………………… 187
ILO …………………………………… 140
NATO の東方拡大 ………………… 84
NPT 再検討会議 ……………5, 6, 9, 12
OSCE ……………………………… 39-41
UNDP 人間開発報告書 …………… 98
UNEP 管理理事会特別会合 …… 155
UNESCO …………………………… 182
UNI グローバル・ユニオン …137, 141
UNICEF …………………………… 181

【ア行】

悪性の脅威 ………………………… 161
アジェンダ 21 ……………………… 153
安倍政権 …………………… 32, 34, 36
アラブの春 ………………………… 172
安全保障 …………………… 30, 157
　――アプローチ …… 55, 56, 62, 70
　――関連法 ………………………… 29
　――の今日的課題
　　（Human Security Now） …… 104
　――のジレンマ …………………… 81
「イスラム国」……………………… 111
インダストリオール ………… 137, 141
エジプト・日本教育パートナーシップ
（EJEP）…………………… 187, 188
エスカレーション …………………… 86
円借款 ……………………… 171, 187
エンパワーメント（empowerment）…105
欧州安全保障協力会議（Conference on Security and Cooperation in Europe/CSCE）……………39, 81
欧州安全保障協力機構（Organization for Security and Cooperation in Europe/OSCE）…………39-41, 81
欧州人権条約 ……………………… 89
欧州通常戦力条約（CFE 条約）… 83
欧州評議会 ………………………… 89
欧州連合（EU）……………………… 85
オゾン層の破壊 …………… 153, 164
温室効果ガス ……………………… 153

【カ行】

解決（resolution）………………49, 62
介入（intervention）……………… 64
開発援助 …………………………… 96
開発の権利 ………………………… 156
核軍縮への人道的アプローチ
　……………………3, 6, 10-12, 15, 16, 25
核実験 ……………………………… 85
拡大核抑止 ………………………… 11
核兵器使用禁止条約 ……………… 18
核兵器使用禁止に関する国連総会決議 ……………………………… 18
核兵器の人道的影響に関する国際会議 ……………………………… 7, 16
核兵器の人道的結果に関する共同声明 ……………………………… 7, 9

核兵器のない世界 ……………… 9, 12, 13, 15
核兵器の非合法化 ……………………… 10
環境安全保障 …………………………… 149
「環境と安全保障」アプローチ ……… 159
環境と開発に関する国連会議
　（UNCED）………………………… 153, 163
環境と開発に関する世界委員会
　………………………………………… 155, 163
環境と開発に関するリオ・デ・ジャネ
　イロ宣言（リオ宣言）………… 153, 163, 164
環境に対する負荷 ……………………… 158
関係性 ………………………………… 53-55
間接的な脅威 …………………………… 159
感染症 …………………………………… 114
気候変動に関する国際連合枠組条約
　（UNFCCC）………………………… 163, 165
北大西洋条約機構（NATO）…………… 79
義務教育無償化 ………………………… 174
教育改革 ………………………………… 171
教育ストラテジックプラン …………… 173
教育の安全保障 ………………………… 189
教員組合 ………………………………… 177
共感 ……………………………………… 56
共生 ……………………………………… 49
協調的安全保障（cooperative security）
　………………………………… 40, 41, 46, 82
共通の安全保障 ………………… 39, 46, 78
京都議定書 ……………………………… 167
恐怖からの自由（Freedom from Fear）
　………………………………… 100, 102, 104
クリントン政権 ………………………… 159
グローバル・コモンズ ………………… 164
クロロフルオロカーボン（CFCs：フロン）
　………………………………………… 166
軍事的安全保障 …………………… 3, 23, 25
軍縮 ……………………………………… 80
経済のグローバル化 …………………… 164

欠乏からの自由（Freedom from Want）
　………………………………………… 102, 105
賢明な利用 ……………………………… 154
構造的平和 ……………………………… 57
構造的暴力 ……………………………… 57
「構築」…………………………………… 60
合理的な利用 …………………………… 154
国際安全保障 …………………… 3-5, 24, 26
国際共生 ………………… 23, 24, 26, 27, 42, 46,
　　　　　　　　　50, 72, 95, 117, 171, 191
国際司法裁判所勧告的意見 …………… 19
国際商工会議所（ICC）………………… 156
国際人道法 ……………………… 7, 8, 14, 18-22
国際的 NGO ……………………………… 129, 143
国際的労働組合 ………………………… 129, 143
国連開発計画（UNDP）………………… 98
国連気候変動枠組条約（UNFCCC）
　………………………………………… 153
国連憲章 ………………………………… 18
国連持続可能な開発サミット ………… 167
国連人間環境会議 ……………………… 150
国家安全保障 ………………… 3, 17, 23, 25, 26, 157
　──戦略 …………………………… 159
国家主権に関する国際委員会（ICISS）
　………………………………………… 109
コンフリクト転換 ……………………… 71

【サ行】

最低賃金 ………………………………… 131, 143
サプライ・チェーン・マネジメント
　………………………………………… 130, 139, 144
識字率 …………………………………… 178
持続可能性 ……………………………… 154
持続可能な開発 ………………… 149, 155, 161-165
持続可能な開発のための 2030 年ア
　ジェンダ ……………………………… 167
持続可能な開発のための企業憲章

.... 156
持続可能な開発目標（SDGs）......... 167
持続可能な利用 154
失業率 181
児童労働 175
重症急性呼吸器症候群（Severe Acute Respiratory Syndrome: SARS）...... 115
主権国家 88
消極的平和 57
小島嶼国 165
職員室 177
職業訓練高校 176
諸国家の経済的権利義務に関する憲章（経済権利義務憲章）............. 150
人権 88
新国際経済秩序 150
人道支援・災害救援（HADR）... 114
人道的アプローチ 7
人道の誓約 8, 14
信頼 72
　──醸成 50, 61, 69, 70, 80
　──醸成措置 82
森林原則声明 153
生活の質 154, 165
脆弱国家 88
生物多様性条約（CBD）...... 153, 154
世界自然保護連合（IUCN）........ 154
世界保全戦略（World Conservation Strategy）................................... 154
世代間の衡平 165
積極的平和 57
　──主義 35-37
潜在的実現可能性 58
先進7ヵ国首脳会談（G7アルシュ・サミット）................................... 152
戦争アプローチ 61
戦略的安定性 4, 5, 23

相互扶助 50, 55, 61, 69, 70, 72
創造性 56
尊厳をもって生きる自由（Freedom to live with dignity）.................... 103

【タ行】

ダイナミック 65
対話 57
妥協 64
多国籍企業 123
地球温暖化問題 164
地球サミット 153
中央教育審議会 182
中核的労働基準 140
超越（トランセンド：transcend）
.... 62, 64
直接的脅威 159
直接的平和 57
直接的暴力 57
徹底的平和主義 30, 32, 37
テロリズム 111
転換（transformation）...... 49, 54, 56, 62, 71
伝統的脅威 157
動態的紛争解決 65
東北アジア地域平和構築インスティテュート（NARPI）..................... 71
特活 184, 186
鳥インフルエンザ（H5N1）........ 115

【ナ行】

内戦 87
南極の海洋生物資源の保存に関する条約 154
二元論 49, 56
二項対立 49
日本式教育の導入 184

人間開発 (Human Development) ……98
　——指数 (Human Development Index: HDI) ……98
　——報告書 ……98
人間環境宣言 ……150
人間環境のための行動計画 ……151
人間の安全保障 ……77, 95, 96, 99, 105, 106, 119, 190
　——委員会 ……104
　——基金 ……104
　——ネットワーク (Human Security Network: HSN) ……101
　——に関する「共通了解 (common understanding)」……106
　——に関する事務総長報告 ……109
　——フレンズ会合 ……106, 109
能力強化 ……105

【ハ行】

ハイ・ポリティックス ……160
破綻国家 ……87
パリ首脳会議 ……82
パルダ ……126
パルメ委員会 ……79
非営利団体 ……179
非伝統的脅威 ……157
批判的安全保障 ……77
非暴力 ……53, 55, 56
　——介入 ……50
　——的手段による介入 ……65
　——的手法 ……70
　——的抵抗 ……57
ファシリテーション ……50, 61, 65, 71
ファシリテーター ……65
不可逆的な損害 ……165
武力紛争予防のためのグローバルパートナーシップ (GPPAC) 東北アジア ……71
ブルントラント委員会 ……155
文化的平和 ……57
文化的暴力 ……57
紛争 ……56
　——解決 ……50, 61
　——・対立・葛藤 ……54
　——転換 ……50, 61
　——の平和的転換 ……57
平和アプローチ ……55, 57, 61, 70
平和憲法 ……30, 32, 46
平和構築委員会 ……90
平和 (コンフリクト) ワーカー ……63
ペレストロイカ ……152
報告書 Our Common Future (『我ら共通の未来』) ……155
報告書『チェンジング・コース』……156
縫製業 ……125, 126
保護する責任 (Responsibility to Protect) ……108

【マ行】

マムルーク朝 ……172
ミサイル防衛 ……84
未然防止 ……165
ミレニアム開発目標 (MDGs) ……167
民主主義 ……88
ムスリム同胞団 ……172
ムバラーク政権 ……172
メディエーション ……50, 61, 65, 71
メディエーター ……67
モントリオール議定書 ……166

【ヤ行】

輸出加工区 ……125
輸出志向型工業 ……125
予防的アプローチ ……166

【ラ行】

ラッセル・アインシュタイン宣言········15
ラナプラザ事件·······························127
ラムサール条約·······························154
リオ宣言→環境と開発に関するリオ・
　デ・ジャネイロ宣言
良性の脅威···161
レジリエンス·······································105
連帯··································57, 61, 69, 70
労災保険制度·······································133
労災補償···134
労働安全···123
労働監督官································135, 136
労働災害··128, 129
労働裁判所···133
労働集約型産業···································125
ロー・ポリティックス·······················160

【ワ行】

ワルシャワ条約機構（WTO）·············79

人 名 索 引

【ア行】

アインシュタイン，アルバート ……… 15
アウグスバーガー，ディヴィド・W.
　（David W. Augsburger）…………… 68
麻生太郎 …………………………………… 29
アダムズ，ジェイン ……………………… 38
アッカーマン，ブルース
　（Bruce Ackerman）………………… 29
アナン，コフィ …………………………… 104
安倍晋三 ……………………………… 29, 35
アリ，ムハンマド ……………………… 172
安藤信明 …………………………………… 67
植田和弘 ………………………………… 164
ウォルト，スティーヴン（Stephen Walt）
　…………………………………………… 97
ウプレティ，B. R.（Bishnu Raj Upreti）
　………………………………………… 161
ウルマン，リチャード
　（Richard Ullman）………………… 97
エリオット，L.（Lorraine Elliott）…… 159
オーウェル，ジョージ …………………… 37
緒方貞子 …………………………… 103, 104
岡野八代 …………………………………… 52
小渕恵三 ………………………………… 103

【カ行】

カルドー，M.（Mary Kaldor）………… 87
ガルトゥング，ヨハン（Johan Galtung）
　…………………… 37, 50, 55, 58, 62
川島康子 ………………………………… 163
カンプト，ディヴィド（David Campt）
　…………………………………………… 65

クリントン ……………………………… 159
クレイビル，ロン（Ron Kraybill）…… 65
ゴルバチョフ …………………………… 152
コン，フーン（Khong Yuen Foong）… 101

【サ行】

シーシ，アブデール …………………… 172
信夫隆司 ………………………………… 162
シャーク，リサ（Lisa Schirch）…… 65, 67
シュミットハイニー，シュテハン
　（Stephen Schmidheiny）………… 156
シュワルナゼ …………………………… 152
セン，アマルティア（Amartya Sen）
　………………………… 98, 101, 104, 190

【タ行】

田中明彦 ………………………………… 118
田中圭子 …………………………………… 67
デューイ，ジョン ………………………… 38
土佐弘之 …………………………………… 55

【ナ行】

中田豊一 …………………………………… 69
中野民夫 …………………………………… 66

【ハ行】

バーネット（Jon Barnet）……………… 161
ハク，マブール（Mahburul Haq）…… 98
パルメ，オロフ（Olof Palme）………… 79
ハンプソン，フェン（Fen Hampson）
　………………………………………… 101
ブザン，バリー（Barry Buzan）
　…………………………………… 88, 97, 116

藤田明史 ··········59
ブッシュ ··········159
ブラント，W.（Willy Brandt） ··········45
ブルントラント，G. W.
　（Gro Harlem Brundtland） ··········155
フロイド（Floyd, R.） ··········159
ボラ，ウィリアム・E. ··········38
ボンヘッファー，ディートリヒ ··········51

【マ行】

マック，アンドリュー（Andrew Mack）
　··········100
マックファーレン，ニール
　（Neil MacFarlane） ··········101
宮沢俊義 ··········30, 31
ムルシー，ムハンマド ··········172
モリソン，チャールズ・C. ··········38
森田恒幸 ··········162
森喜朗 ··········104

【ヤ行】

湯川秀樹 ··········15
米本昌平 ··········165

【ラ行】

ライト，エヴリン（Evelyn Wraight）
　··········65
ラッセル，バートランド ··········15
レビンソン，サルモン・O. ··········38

【ワ行】

和田信明 ··········69

[執筆者紹介（執筆順、編著者は奥付参照）］

千葉　眞（ちば しん）　プリンストン神学大学、Ph.D.（政治倫理学）、専門領域：政治思想史、政治理論、平和研究、現在国際基督教大学教養学部特任教授、主要著作：『連邦主義とコスモポリタニズム』（風行社、2014 年)、『「未完の革命」としての平和憲法』（岩波書店、2009 年）、『デモクラシー』（岩波書店、2000 年）、『アーレントと現代』（岩波書店、1996 年）、『ラディカル・デモクラシーの地平』（新評論、1995 年）

奥本　京子（おくもと きょうこ）　神戸女学院大学大学院文学研究科博士課程単位取得退学、博士（文学）、専門領域：平和紛争学、芸術アプローチ、現在大阪女学院大学教授、主要著作：『18 歳からわかる　平和と安全保障のえらび方』（共著）（大月書店、2016 年)、『北東アジアの平和構築』（共著）（大阪経済法科大学出版部、2015 年）、『ガルトゥング紛争解決学入門』（共監訳）（法律文化社、2014 年）、『平和ワークにおける芸術アプローチの可能性』（法律文化社、2012 年）

佐渡　紀子（さど のりこ）大阪大学大学院国際公共政策研究科博士後期課程修了、博士（国際公共政策）、専門領域：国際政治学、平和研究、現在広島修道大学法学部教授、主要著作：『なぜ核兵器はなくならないのかⅡ』（共著）（法律文化社、2016 年)、『安全保障論』（共編著）（信山社、2015 年）、『平和構築・入門』（共著）（有斐閣、2011 年)、『核軍縮不拡散の法と政治』（共著）（有信堂高文社、2008 年）

福島　安紀子（ふくしま あきこ）ジョンズ・ホプキンス大学国際関係大学院（SAIA）修士、大阪大学大学院国際公共政策研究科後期博士課程修了、博士（国際公共政策）、専門領域：国際政治学、国際関係論、国際安全保障論、現在青山学院大学教授、主要著作：『グローバルコモンズ』（共著）（岩波書店、2015 年)、『紛争と文化外交』（慶應義塾大学出版会、2012 年）、『人間の安全保障』（千倉書房、2010 年）

香川　孝三（かがわ こうぞう）　東京大学大学院法学政治学研究科博士課程単位取得退学、専門領域：労働法、アジア法、現在大阪女学院大学教授、主要著作：『グローバル化の中のアジアの児童労働』（明石書店、2010年）、『ベトナムの労働・法と文化』（信山社、2006年）、『政尾藤吉伝－法整備支援国際協力の先駆者』（信山社、2002年）、『アジアの労働と法』（信山社、2000年）

西井　正弘（にしい まさひろ）　京都大学大学院法学研究科博士課程単位取得退学、専門領域：国際法、国際組織法、国際人権法、現在大阪女学院大学教授、主要著書：『判例法学［第5版］』（共著）（有斐閣、2012年）、『テキスト　国際環境法』（共編著）（有信堂高文社、2011年）、『国際人権法概論［第4版］』（共著）（有斐閣、2006年）、『地球環境条約』（編著）（有斐閣、2005年）、『図説国際法』（編著）（有斐閣、1998年）

長尾　ひろみ（ながお ひろみ）　大阪大学（大阪外国語大学大学院言語社会研究科）博士後期課程修了、博士（言語文化学）、専門領域：通訳学、現在大阪女学院大学教育研究センター長、主要著作：『医療通訳入門』（共著）（松柏社、2007年）、『社会福祉と通訳論』（共著）（文理閣、2005年）、『司法通訳』（共著）（松柏社、2004年）、『グローバル時代の通訳』（共著）（三修社、2002年）、『外国人と刑事手続き』（共著）（成文堂、1998年）、

編著者紹介

黒澤　満（くろさわ　みつる）

大阪大学大学院法学研究科博士課程単位取得退学、博士（法学）、専門領域：国際平和、軍縮、現在大阪女学院大学教授、主要著作：『核兵器のない世界へ』（東信堂、2014年）、『国際共生とは何か－平和で公正な世界へ』（編著）（東信堂 2014年）、『軍縮問題入門［第4版］』（編著）（東信堂、2012年）、『核軍縮入門』（信山社、2011年）、『国際関係入門』（編著）（東信堂、2011年）、『核軍縮と国際平和』（信山社、2011年）

国際共生研究所叢書 4
国際共生と広義の安全保障

2017年1月31日　初　版第1刷発行　　　　　　　　　　　　　〔検印省略〕

＊定価はカバーに表示してあります。

編著者 © 黒澤　満／発行者　下田勝司　　　印刷・製本／中央精版印刷株式会社

東京都文京区向丘 1-20-6　郵便振替 00110-6-37828　　発行所　株式会社　東信堂
〒113-0023　TEL 03-3818-5521（代）　FAX 03-3818-5514

Published by TOSHINDO PUBLISHING CO., LTD.

1-20-6, Mukougaoka, Bunkyo-ku, Tokyo, 113-0023 Japan

E-Mail：tk203444@fsinet.or.jp　http://www.toshindo-pub.com

ISBN978-4-7989-1407-7　C1031　©KUROSAWA, Mitsuru

東信堂

国際法新講〔上〕〔下〕	田畑茂二郎	〔下〕二七〇〇円／〔上〕二六〇〇円
ベーシック条約集〔二〇一六年版〕	編集代表 薬師寺・坂元・浅田	三八〇〇円
ハンディック条約集〔第2版〕	編集代表 薬師寺・坂元・浅田	二六〇〇円
国際環境条約資料集	編集代表 薬師寺・富田・田中・薬師寺・	一五〇〇円
国際環境条約・資料集〔第2版〕	編集代表 薬師寺・富田・田中・薬師寺・	八六〇〇円
国際人権条約・宣言集〔第3版〕	編集 坂元・小畑・徳川	三二〇〇円
国際機構条約・資料集〔第2版〕	編集代表 香西・安藤・西村	三八〇〇円
判例国際法〔第2版〕	編集代表 松井芳郎	五二〇〇円
日中戦後賠償と国際法	浅田正彦	二九〇〇円
国際法〔第3版〕	浅田正彦編著	三八〇〇円
国際環境法の基本原則	松井芳郎	六五〇〇円
国際民事訴訟法・国際私法論集	高桑昭	八六〇〇円
国際機構法の研究	中村道	七八〇〇円
21世紀の国際法と海洋法の課題	編集 薬師寺・桐山・西村	四六〇〇円
国際海洋法の国際法と海洋法の形成	田中則夫	六八〇〇円
国際海峡	坂元茂樹	四二〇〇円
条約法の理論と実際	坂元茂樹編著	六八〇〇円
国際立法——国際法の法源論	村瀬信也	七六〇〇円
小田滋・回想の海洋法	小田滋	四八〇〇円
小田滋・回想の法学研究	小田滋	六八〇〇円
国際法と共に歩んだ六〇年——学者として裁判官として	小田滋	三八〇〇円
21世紀の国際法秩序——ポスト・ウェストファリアの展望	R・フォーク 川崎孝子訳	三八〇〇円
国際法から世界を見る——市民のための国際法入門〔第3版〕	松井芳郎	三六〇〇円
国際法／はじめて学ぶ人のための〔新訂版〕	大沼保昭	三六〇〇円
プレリュード国際関係学	山本・名古・雅彦 編	二四〇〇円
核兵器のない世界へ——理想への現実的アプローチ	黒澤満	二三〇〇円
軍縮問題入門〔第4版〕	黒澤満編著	二五〇〇円
〔国際共生研究所叢書〕		
国際社会への日本教育の新次元	関根秀和編	一三〇〇円
国際関係入門——共生の観点から	黒澤満編	一八〇〇円
国際共生とは何か——平和で公正な社会へ	黒澤満編	二〇〇〇円
国際共生と広義の安全保障	黒澤満編	二〇〇〇円

〒113-0023 東京都文京区向丘1-20-6 TEL 03-3818-5521 FAX 03-3818-5514 振替 00110-6-37828
Email tk203444@fsinet.or.jp URL:http://www.toshindo-pub.com/

※定価：表示価格（本体）＋税

東信堂

国際刑事裁判所〔第二版〕	村瀬信也編	四二〇〇円
武力紛争の国際法	真山全編	四二八六円
国連安保理の機能変化	村瀬信也編	二七〇〇円
海洋境界確定の国際法	江藤淳一編	二八〇〇円
自衛権の現代的展開	村瀬信也編	二八〇〇円
国連安全保障理事会――その限界と可能性	松浦博司	三三〇〇円
集団安全保障の本質	柘山堯司	四六〇〇円
貨幣ゲームの政治経済学	柳田辰雄	三〇〇〇円
相対覇権国家システム安定化論――東アジア統合の行方	柳田辰雄	二四〇〇円
国際政治経済システム学――共生への俯瞰	柳田辰雄	一八〇〇円
〈現代国際法叢書〉		
国際法における承認――その法的機能及び効果の再検討	王志安	五二〇〇円
国際社会と法	高野雄一	四三〇〇円
集団安保と自衛権	高野雄一	四八〇〇円
国際「合意」論序説――法的拘束力を有しない国際「合意」について	中村耕一郎	三〇〇〇円
法と力 国際平和の模索	寺沢一	五三〇〇円
シリーズ《制度のメカニズム》		
憲法と自衛隊――法の支配と平和的生存権	幡新大実	二八〇〇円
イギリス憲法Ⅰ 憲政	幡新大実	四二〇〇円
イギリス債権法	幡新大実	三八〇〇円
根証文から根抵当へ	幡新大実	二〇〇〇円
アメリカ連邦最高裁判所	大越康夫	一八〇〇円
衆議院――そのシステムとメカニズム	向大野新治	四五〇〇円
フランスの政治制度〔改訂版〕	大山礼子	二〇〇〇円
イギリスの司法制度	幡新大実	二八〇〇円
判例ウィーン売買条約	井原宏・河村寛治編著	五八〇〇円
グローバル企業法	井原宏	三八〇〇円
国際ジョイントベンチャー契約	井原宏	五八〇〇円

〒113-0023　東京都文京区向丘1-20-6　TEL 03-3818-5521　FAX 03-3818-5514　振替 00110-6-37828
Email tk203444@fsinet.or.jp　URL:http://www.toshindo-pub.com/

※定価：表示価格（本体）＋税

東信堂

「帝国」の国際政治学―冷戦後の国際システムとアメリカ	山本吉宣	四七〇〇円
アメリカの介入政策と米州秩序―複雑システムとしての国際政治	草野大希	五四〇〇円
国際開発協力の政治過程―国際規範の制度化とアメリカ対外援助政策の変容	小川裕子	四〇〇〇円
主要国の環境とエネルギーをめぐる比較政治―持続可能社会への選択	太田宏	四六〇〇円
国連行政とアカウンタビリティーの概念―国連再生への道標	蓮生郁代	三三〇〇円
宰相の羅針盤 総理がなすべき政策（改訂版）日本よ、浮上せよ！	村上誠一郎+21世紀戦略研究室	一六〇〇円
福島原発の真実 このままでは永遠に収束しない―原子力炉を「冷温密封」する！まだ遅くない	原発対策国民会議	二〇〇〇円
3・11本当は何が起こったか 巨大津波と福島原発―科学の最前線を教材にした暁星国際学園「ヨハネ研究の森コース」の教育実践	丸山茂徳監修	一七一四円
21世紀地球寒冷化と国際変動予測	丸山茂徳勝訳著	一六〇〇円
2008年アメリカ大統領選挙―オバマの勝利は何を意味するのか	吉野孝・前嶋和弘編著	二〇〇〇円
オバマ政権はアメリカをどのように変えたのか―支持連合・政策成果・中間選挙	前嶋和弘編著	二六〇〇円
オバマ政権と過渡期のアメリカ社会―選挙、政党、制度変化、対外援助	吉野孝・前嶋和弘編著	二四〇〇円
オバマ後のアメリカ政治―二〇一二年大統領選挙と分断された政治の行方	吉野孝・前嶋和弘編著	二五〇〇円
ホワイトハウスの広報戦略―大統領のメッセージを国民に伝えるために	M・J・クマー／吉牟田剛訳	二八〇〇円
政治学入門―日本政治の新しい夜明けはいつ来るか	内田満	一八〇〇円
政治の品位	内田満	二〇〇〇円
吉野川住民投票―市民参加のレシピ	武田真一郎	三八〇〇円
新版日本型移民国家の創造	坂中英徳	一四〇〇円
日本型移民国家への道	坂中英徳	二四〇〇円
戦争と国際人道法―その歴史とあゆみ	井上忠男	二四〇〇円
解説 赤十字の基本原則―人道機関の理念と行動規範	井上忠男訳 ピクテ	三四〇〇円
新版世界と日本の赤十字（第2版）―世界最大の人道支援機関の活動	森井樹居正尚孝	二四〇〇円

〒113-0023 東京都文京区向丘1-20-6　TEL 03-3818-5521　FAX 03-3818-5514　振替 00110-6-37828
Email tk203444@fsinet.or.jp　URL:http://www.toshindo-pub.com/

※定価：表示価格（本体）＋税